DE LA
IMITACION DE CRISTO,

Y

MENOSPRECIO DEL MUNDO.

EN CUATRO LIBROS,

COMPUESTOS EN LATIN

*POR EL V. TOMAS DE KEMPIS,
Canónigo Reglar de San Agustin; y
traducidos nuevamente en español por
el P. Juan Eusebio Nieremberg,
de la Compañía de Jesus.*

Van añadidos los Avisos y Dictámenes de Espíritu y Perfeccion, sacados de las obras del mismo Padre Juan Eusebio.

MADRID.
IMPRENTA DE LA CALLE DE
AÑO 1818.

A costa de la Real Compañía de Impresores y Libreros de Reino.

ELOGIOS
DE ESTE LIBRO.

Este libro ha sido siempre tan usado de varones santos, que Pio V, San Cárlos Borromeo y el Cardenal Belarmino, lo tuvieron por continuo compañero. San Felipe Neri sacó de él espíritu religioso. Alejandro Saulin, Obispo de Papia, entre las distracciones de tantos cuidados que tenía, solo halló consuelo con este Libro. Juan Venduillo, Obispo de Tornay en Flandes, lo estimó tanto, que cuantas veces pidió á Kempis (que lo hizo cada dia), no usó de otro término, que *Dáme el Libro*. San Ignacio de Loyola encomendó á sus hijos que lo usasen, de donde resultó, que no se hallará apenas uno sin él. Un Rey moro hizo tanto aprecio de él, que lo hizo traducir en su idioma, y puesto entre los libros mahometanos, tenia en su estimación el primer lugar. No es el menor de sus elogios haberse llevado el cariño, y agrado al V. P. M. Fr. Luis de Granada, lustre, y honor de la sagrada familia de Predicadores; pues entre las ocupaciones de sus escritos y predicacion, llevado de su ardiente zelo del bien de las almas, porque no careciesen de la celestial doctrina de este Libro, le tradujo del idioma latino al castellano, con tal aceptacion, que no es fácil contar las impresiones que se han repetido.

Y en esta edad, el V. P. Juan Eusebio Nieremberg, de la Compañía de Jesus, bien conocido por sus escritos, ha hecho esta nueva traduccion, en que tambien ha manifestado la estimacion que hacia de este Libro.

COMPENDIO DE LA VIDA
DEL VENERABLE
TOMAS DE KEMPIS,
CANÓNIGO REGLAR
DE SAN AGUSTIN.

El Venerable Tomas de Kempis fue natural de Kempen, que es una pequeña villa en la diócesis de Colonia, de donde le quedó el nombre. Tuvo padres pobres; pero muy cristianos y piadosos. Nació por los años de Cristo de 1380, siendo Sumo Pontífice Urbano VI, y Emperador Cárlos el IV. Despues de haber pasado sus primeros años en casa de sus padres, la inclinacion á las letras y virtud le llevó, siendo de trece años, á Daventér, donde entonces florecian los estudios de aquella Provincia: y sobre todo, un Sacerdote llamado Florencio, que sucedió á Gerardo el Magno, de gran virtud y zelo, que era padre y maestro espiritual de una Hermandad Clerical, donde muchos Sacerdotes, y los que

Tomás de Kempis. 7

se criaban para el siglo, vivían en santa comunidad, en la cual tambien se incorporó la religiosa piedad de Tomas, donde se aplicó más á toda virtud, junto con las letras; y porque hacia excelente letra, ayudaba al gasto comun de sus compañeros, con trasladar libros, porque entonces no habia el uso de la imprenta.

Fue sobre todo muy devoto de la Madre de Dios, á la cual rezaba cada dia algunas devociones; ternísimo pasto; pero como con el tiempo las dejase algunos dias, ó por descuido, ó por tibieza, le reprendió de ello la Santísima Vírgen con un modo admirable. Vió en sueños que estaba en la sala donde el venerable maestro Florencio instruia en las cosas de Dios á sus discípulos, que estaban muy fervorosos, y atentos oyendo las palabras de Dios que les decia. Vino entonces la Santísima Vírgen del cielo, y con rostro muy agradable y amoroso fue abrazando á todos uno por uno, agradeciéndoles los deseos, y fervor con que querian agradar á Dios. Esperaba Tomas que habia de gozar de semejante regalo; mas llegando adonde estaba,

Tomas de Kempis. 9
se puso la Santísima Vírgen muy severa, y con rostro enojado le dijo: no mereces tú que te haga este favor; pues te has entibiado en mi servicio, y dejado las devociones que hacias, con que me agradabas. Con esta reprension volvió en sí Tomas, desecho en llanto y lágrimas, tan arrepentido de lo pasado, que no hubo de allí adelante dia de su vida en que no cumpliese con sus devociones.

Despues de haber estado algunos años en la santa escuela de Florencio, se acogió con su ayuda y consejo á la de la religion, siendo admitido en la de los Canónigos Reglares de San Agustín, por su mismo hermano, llamado Juan, que era entonces Superior del Monasterio del Monte de Santa Ines, que está muy cerca de la ciudad de Suról, y con gran gozo de entrambos, que cantaron devotísimamente aquello del Salmo: *Quàm bonum, et quàm jucundum est habitare fratres in unum*. Allí estuvo cinco años con su vestido ordinario, ejercitándose en obras de piedad y humildad, hasta que el sexto recibió el hábito de Canónigo, y el séptimo hizo profesion de aquella religiosa vida.

Espantaba á todos la vida
de Tomàs, y su singular devoción en el Coro, cuando
cantaba los Salmos, estaba
todo elevado en Dios, y tan
arrebado, que solo con las
puntas de los dedos de los
piecitos tocaba el suelo: estaba
siempre en el tiempo de el
Choro, y elevado, y sin sentir-
se á mi juzgar, puesto en oración en el Choro, y en el de
postrero, teniendo todas sus
delicias en Dios. Decian, que
el bocado mas sabroso para el
Venerable Tomàs, eran las palabras de algun Sabio, y se
decia que era asi, porque
era su mayor regalo, que le

daba gusto, y no le hacia daño, como otras comidas, que causan fastidio y vómito.

En las conversaciones, cuando se trataba de Dios, estaba muy sazonado, devoto y elocuente; pero en tratándose de cosas de la tierra, luego enmudecia. Hacia sermones y pláticas muy devotas, concurriendo á oirle mucha gente de lejos; y su aposento era muy frecuentado de personas, que deseaban irse al cielo, para que él las enderezase y les tratase de Dios: sus delicias eran el trato con Dios, la oracion y libros santos.

Sus tribulaciones y trabajos los aliviaba delante de una cruz, que tenia en la pared de su aposento; y al demonio que algunas veces le queria aterrar visiblemente, le ahuyentaba con el nombre de Jesus, de que fue devotísimo, principalmente desde que le sucedió este caso, como lo refiere el Padre Juan Mayor en el Espejo de los ejemplos: que como pretendiese el demonio espantar al Venerable Tomas de Kempis, se le apareció una noche en una espantosa y horrible figura; y como le viese que se iba acercando á su cama, em-

Fue ilustrado de nuestro Señor en muchas ocasiones, descubriéndole varias cosas con modo sobrenatural. Cuando murió el religioso varon Juan de Heusden, Prior del Monasterio Vindese, le reveló Dios su muerte de esta manera: vió un dia al amanecer concurrir muchos escuadrones de Espíritus celestiales, caminando con gran priesa á aquel Monasterio, como si se apresuraran para hacer las exequias del algun grande Varon, y llevar al cielo su dichosa alma; sucediendo luego la muerte de aquel siervo de Dios, y cumpliéndose la profecía del Venerable Tomás. Muchas cosas maravillosas obró Dios por este su Siervo; y las que él refiere haber acontecido por las oraciones de alguna persona, sin nombrarla, se cree haber sido por las suyas.

Por su gran santidad, y apacible condicion fue dos veces elegido por Prior de su Monasterio, y tambien por Procurador; lo cual procuró excusar lo mas presto que pudo; porque no hallaba descanso sino con Dios en su celda; y asi solia decir: *In omnibus requiem quaesivi, sed non inveni, nisi in angulis cum*

Tellis. En todas las cosas
buscaba descanso, y no le
hallé, sino en discurrir con
mi espíritu. Estando algunas
veces hablando con los hombres, o teniéndoles también alguna devoción, veía que le
era necesario retirarse luego
a su celda, donde derrama-
ba muchas lágrimas, gozan-
do de dulzura y ternura
de su alma. Y en esta santa
vida se ejercitó en virtudes
setenta años en aquel Monte de Santa Inés, hasta que
le llamó el Señor para el monte celestial, que había visto de
lejos y deseado tantas veces
su bendita ánima, que dejan-

do la morada del cuerpo terreno, pasó al celestial tabernáculo de la eternidad. Murió de noventa y dos años de edad, y del nacimiento de Cristo mil cuatrocientos setenta y uno, dia octavo de las Kalendas de Agosto. La estatura de su cuerpo fue menos que mediana; pero de buena disposicion: era de color vivo, aunque moreno el rostro: la vista de los ojos agudísima, como leemos que la tenia Moises; de modo, que siendo de tan larga edad, nunca usó de anteojos, porque siempre tuvo la vista clara. Y él lo fue á todos en su

20 *Vida del Venerable*
tiempo, y en los presentes,
y en los venideros por sus
devotísimos escritos.

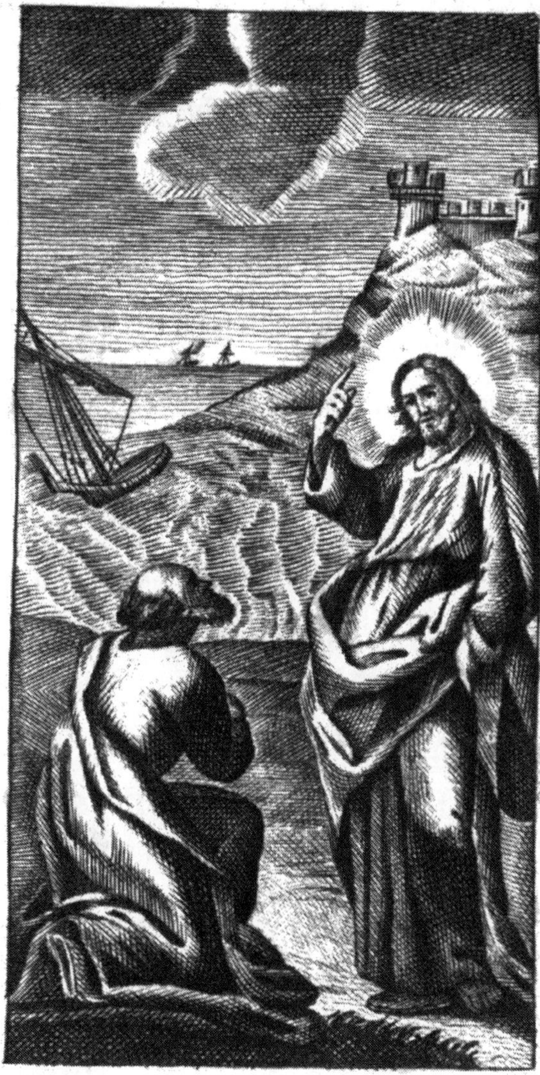

DE LA IMITACION DE CRISTO,

Y MENOSPRECIO DEL MUNDO.

LIBRO PRIMERO.

CONTIENE AVISOS PROVECHOSOS PARA LA VIDA ESPIRITUAL.

CAPÍTULO PRIMERO.

De la imitacion de Cristo, y desprecio de toda la vanidad del mundo.

1. Quien me sigue no anda en tinieblas, dice el Señor. Estas palabras son de Cristo, con las cuales nos amonesta, que imitemos su vida, y costumbres, si queremos verdaderamente ser alum-

brados, y libres de toda la ceguedad del corazon. Sea pues todo nuestro estudio pensar en la vida de Jesus.

2 La doctrina de Cristo excede á la de todos los Santos: y el que tuviese espíritu, hallará en ella maná escondido. Mas acaece, que muchos, aunque á menudo oigan el Evangelio, gustan poco de él, porque no tienen el espíritu de Cristo. Conviéneles, que procuren conformar con él toda su vida.

3 ¿Que te aprovecha disputar altas cosas de la Trinidad, si no eres humilde, por donde desagradas á la Trinidad? Por cierto las palabras subidas no hacen santo, ni justo: mas la virtuosa vida hace al hombre amable á Dios. Mas deseo sentir la con-

tricion, que saber definirla. Si supieses toda la Biblia á la letra, y los dichos de todos los Filósofos, ¿que te aprovecharía todo, sin caridad y gracia de Dios? Vanidad de vanidades, y todo vanidad, sino amar y servir solamente á Dios. Suma sabiduría es por el desprecio del mundo ir á los reinos celestiales.

4 Y pues asi es, vanidad es buscar riquezas perecederas, y esperar en ellas: también es vanidad desear honras, y ensalzarse vanamente. Vanidad es, seguir el apetito de la carne, y desear aquello por donde despues te sea necesario ser castigado gravemente. Vanidad es, desear larga vida, y no cuidar que sea buena. Vanidad es, mirar solamente á esta presente vi-

da, y no prever á lo venidero. Vanidad es, amar lo que tan presto se pasa, y no buscar con solicitud el gozo perdurable.

5 Acuérdate frecuentemente de aquel dicho de la Escritura: porque no se harta la vista de ver, ni el oido de oir. Procura, pues, desviar tu corazon de lo visible, y traspasarlo á lo invisible; porque los que siguen su sensualidad, manchan su conciencia, y pierden la gracia de Dios.

Capítulo II.

Cómo ha de sentir cada uno humildemente de sí mismo.

1 Todos los hombres naturalmente desean saber. ¿Mas que aprovecha la ciencia, sin el temor de Dios?

Por cierto mejor es el rústico humilde que le sirve, que el soberbio Filósofo, que dejando de conocerse, considera el curso del cielo. El que bien se conoce, tiénese por vil, y no se deleita en loores humanos. Si yo supiese cuanto hay en el mundo, y no estuviese en caridad, ¿que me aprovecharía delante de Dios, que me juzgará segun mis obras?

2 No tengas deseo demasiado de saber, porque en ello se halla grande estorbo y engaño. Los letrados gustan de ser vistos, y tenidos por tales. Muchas cosas hay, que saberlas, poco ó nada aprovecha al alma: y muy loco es el que en otras cosas entiende, sino en las que tocan á la salvacion. Las muchas palabras no hartan el ánima: mas la buena vida le da refrigerio, y

la pura conciencia causa gran confianza en Dios.

3 Cuanto mas y mejor entiendes, tanto mas gravemente serás juzgado si no vivieres santamente. Por esto no te ensalces por alguna de las artes ó ciencias; mas teme del conocimiento que de ella se te ha dado. Si te parece que sabes mucho, y entiendes muy bien, ten por cierto, que es mucho mas lo que ignoras. No quieras con presuncion saber cosas altas; mas confiesa tu ignorancia. ¿Por que te quieres tener en mas que otro, hallándose muchos mas doctos y sabios en la Ley que tú? Si quieres saber y aprender algo provechosamente, desea que no te conozcan, ni te estimen.

4 El verdadero conocimiento y desprecio de sí mis-

mo, es altísima y doctísima lección. Gran sabiduría y perfeccion es sentir siempre bien y grandes cosas de otros, y tenerse y reputarse en nada. Si vieres algunos pecar públicamente, ó cometer culpas graves, no te debes juzgar por mejor; porque no sabes cuanto podrás perseverar en el bien. Todos somos flacos: mas tú á nadie tengas por mas flaco que á tí.

Capítulo III.

De la doctrina de la verdad.

1 Bienaventurado aquel á quien la verdad por sí mismo enseña, no por figuras y voces que se pasan, mas asi como es. Nuestra estimacion, y nuestro sentimiento á menudo nos engaña, y conoce poco. ¿Que aprovecha

la curiosidad de saber cosas oscuras y ocultas, pues que del no saberlas no seremos en el dia del Juicio reprendidos? Gran locura es, que dejadas las cosas útiles y necesarias, entendamos con gusto en las curiosas y dañosas. Verdaderamente, teniendo ojos, no vemos.

2. ¿Que se nos da de los géneros y especies de los lógicos? Aquel á quien habla el Verbo Eterno, de muchas opiniones se desembaraza. De aqueste Verbo salen todas las cosas, y todas predican este Uno, y este es el principio que nos habla. Ninguno entiende ó juzga sin él rectamente. Aquel á quien todas las cosas le fueron uno, y trajere á uno, y las viere en uno, podrá ser estable, y firme de corazon, y permanecer

pacífico en Dios. ¡O verdadero Dios! Hazme permanecer uno contigo en caridad perpetua. Enójame muchas veces leer, y oir muchas cosas: en ti está todo lo que quiero y deseo. Callen todos los Doctores; no me hablen las criaturas en tu presencia. Tú solo me habla.

3 Cuanto alguno fuere mas unido consigo, y mas sencillo en su corazon, tanto mas, y mayores cosas entenderá sin trabajo; porque de arriba recibe la lumbre de la inteligencia. El espíritu puro, sencillo y constante no se distrae, aunque entienda en muchas cosas; porque todo lo hace á honra de Dios, y esfuérzase á estar desocupado en sí de toda sensualidad. ¿Quien mas te impide y molesta que la aficion de tu co-

razon, no mortificada? El hombre bueno y devoto, primero ordena dentro de sí las obras que debe hacer de fuera, y ellas no le inclinan á deseos de inclinacion viciosa; mas él las trae al alvedrío de la recta razon. ¿Quien tiene mayor combate, que el que se esfuerza á vencer á sí mismo? En esto debia ser todo nuestro empleo, para hacerse uno cada dia mas fuerte, y aprovechar en mejorarse.

4 Toda la perfeccion de esta vida tiene consigo cierta imperfeccion; y toda nuestra especulacion no carece de alguna oscuridad. El humilde conocimiento de ti mismo es mas cierto camino para Dios, que escudriñar la profundidad de la ciencia. No es de culpar la ciencia, ni cualquier otro conocimiento de lo que

en sí considerado es bueno, y ordenado de Dios; mas siempre se ha de anteponer la buena conciencia, y la vida virtuosa. Porque muchos estudian mas para saber, que para bien vivir; y yerran muchas veces, y poco ó ningun fruto hacen.

5 Si tanta diligencia pusiesen en desarraigar los vicios, y sembrar las virtudes, como en mover cuestiones, no se harian tantos males y escándalos en el pueblo, ni habria tanta disolucion en los monasterios. Ciertamente en el dia del juicio no nos preguntarán qué leimos; mas qué hicimos, ni cuán bien hablamos; mas cuán honestamente hubiéremos vivido. Díme, ¿donde estan ahora todos aquellos señores y maestros que tú conociste, cuando vi-

vian y florecian en los estudios? Ya poseen otros sus rentas, y por ventura no hay quien de ellos se acuerde. En su vida parecian algo; ya no hay de ellos memoria.

6 O cuan presto se pasa la gloria del mundo! Pluguiera á Dios, que su vida concordára con su ciencia; y entonces hubieran estudiado y leido bien. ¿Cuantos perecen en este siglo por su vana ciencia, que cuidaron poco del servicio de Dios? Y porque eligen ser mas grandes, que humildes, se hacen vanos en sus pensamientos. Verdaderamente es grande el que tiene grande caridad. Verdaderamente es grande el que se tiene por pequeño, y tiene en nada la cumbre de la honra. Verdaderamente es prudente el que todo lo terreno tiene

por estiércol para ganar á Cristo. Y verdaderamente es sabio aquel que hace la voluntad de Dios, y deja la suya.

Capítulo IV.

De la prudencia en las cosas que se han de hacer.

1 No se debe dar crédito á cualquier palabra, ni á cualquier espíritu; mas con prudencia y espacio se deben, segun Dios, examinar las cosas. Mucho es de doler, que las mas veces se cree, y se dice el mal del prójimo, que el bien. Tan flacos somos! Mas los varones perfectos no creen de ligero cualquiera cosa que les cuentan; porque saben ser la flaqueza humana presta al mal, y muy deleznable en las palabras.

2 Gran saber es no ser el

hombre inconsiderado en lo que ha de hacer, ni tampoco porfiado en su propio sentir. A esta sabiduría tambien pertenece no creer á cualquier palabras de hombres, ni parlar luego á los otros lo que oye ó cree. Toma consejo con hombre sabio y de buena conciencia; y apetece mas ser enseñado de otro mejor, que seguir tu parecer. La buena vida hace al hombre sabio, segun Dios, y experimentado en muchas cosas. Cuanto alguno fuere mas humilde en sí, y mas sujeto á Dios, tanto será mas sabio y sosegado en todo.

CAPÍTULO V.

De la leccion de las santas Escrituras.

1 En las santas Escrituras se debe buscar la ver-

dad, y no la elocuencia. Cualquier Escritura se debe leer con el espíritu que se hizo. Mas debemos buscar el provecho en la Escritura, que no la sutileza de palabras. De tan buena gana debemos leer los libros sencillos y devotos, como los profundos. No te mueva la autoridad del que escribe, si es de pequeña, ó grande ciencia: mas convídete á leer el amor de la pura verdad. No mires quien lo ha dicho; mas atiende, qué tal es lo que se dijo.

2 Los hombres pasan: la verdad del Señor permanece para siempre. De diversas maneras nos habla Dios, sin aceptar personas. Nuestra curiosidad nos impide muchas veces el provecho que se saca en leer las Escrituras cuando queremos entender lo que

llanamente no se debia escudriñar. Si quieres aprovechar, lee con humildad, fiel, y sencillamente, y nunca desees nombre de letrado. Pregunta de buena voluntad, y oye callando las palabras de los Santos, y no te desagraden las sentencias de los viejos, porque no las dicen sin causa.

Capítulo VI.

De los deseos desordenados.

1 Cuantas veces desea el hombre desordenadamente alguna cosa, luego pierde el sosiego. El soberbio y el avariento nunca está quieto: el pobre y humilde de espíritu vive en mucha paz. El hombre que no es perfectamente mor-

tificado en sí, presto es tentado, y vencido de cosas pequeñas y civiles. El flaco de espíritu, y que aun está inclinado á lo animal y sensible, con dificultad se puede abstener totalmente de los deseos terrenos; y cuando se abstiene, recibe muchas veces tristeza; y se enoja presto si alguno le contradice.

2. Pero si alcanza lo que deseaba, siente luego pesadumbre por el remordimiento de la conciencia, que siguió su apetito, el cual nada aprovecha para alcanzar la paz que buscaba. En resistir pues á las pasiones se halla la verdadera paz del corazon, y no en seguirlas. Pues no hay paz en el corazon del hombre, que se ocupa en lo exterior, sino en el que es fervoroso y espiritual.

Capítulo VII.

Cómo se ha de huir la vana esperanza y la soberbia.

1 Vano es el que pone su esperanza en los hombres ó en las criaturas. No te corras servir á otro por amor de Jesucristo, y parecer pobre en este siglo. No confies de tí mismo, mas pon tu esperanza en Dios. Haz lo que es en ti, y Dios favorecerá tu buena voluntad. No confies en tu ciencia, ni en astucia de ninguno que vive, sino en la gracia de Dios, que ayuda á los humildes, y abate á los presumidos.

2 Si tienes riquezas, no te glories en ellas, ni en los amigos, aunque sean poderosos; mas en Dios, que todo lo da, y sobre todo se desea

dar á sí mismo. No te ensalces por la grandeza y hermosa disposicion del cuerpo, que con pequeña enfermedad se destruye y afea. No tomes contentamiento de tu habilidad ó ingenio, porque no desagrades á Dios, cuyo es todo bien natural, que tuvieres.

3 No te estimes por mejor que otros, porque no seas quizá tenido delante de Dios por peor, que sabe lo que hay en el hombre. No te ensoberbezcas de tus obras buenas, porque de otra manera son los juicios de Dios que los de los hombres, al cual muchas veces desagrada lo que á ellos los contenta. Si tuvieres algun bien, piensa que son mejores los otros, porque asi conserves la humildad. No te daña si te pu-

sieres debajo de todos; mas es muy dañoso si te antepones á solo uno. Continua paz tiene el humilde; mas en el corazon del soberbio hay emulacion y saña muchas veces.

Capítulo VIII.

Cómo se ha de evitar la mucha familiaridad.

1 No descubras tu corazon á cualquiera; mas comunica tus cosas con el sabio y temeroso de Dios. Con los mancebos y extraños conversa poco. Con los ricos no seas lisonjero, ni estes de buena gana delante de los grandes. Acompáñate con los humildes y sencillos, y con los devotos y bien acostumbrados, y trata con ellos cosas de edifica-

cion. No tengas familiaridad con ninguna muger; mas en general encomienda á Dios todas las buenas. Desear ser familiar á solo Dios y á sus Angeles, y huye de ser conocido de los hombres.

2 Justo es tener caridad con todos, mas no conviene la familiaridad con muchos. Algunas veces acaece, que la persona no conocida resplandece por la buena fama; mas la presencia suele parecer mucho menos. Pensamos algunas veces agradar á los otros con nuestra conversacion, y mas los ofendemos, porque veh en nosotros costumbres menos ordenadas.

Capítulo IX.

De la obediencia, y sujecion.

1 Gran cosa es estar en obediencia, y vivir debajo de prelado, y no ser suyo propio. Mucho mas seguro es estar en sujecion, que en mando. Muchos estan en obediencia, mas por necesidad, que por caridad; los cuales tienen trabajo, y ligeramente murmurarán; y nunca tendrán libertad de ánimo, si no se sujetan por Dios de todo corazon. Anda de una parte á otra, y no hallarás descanso sino en la humilde sujecion al prelado. La imaginacion y mudanza de lugar á muchos ha engañado.

2 Verdad es que cada uno se rige de buena gana por su propio parecer, y se

inclina mas á los que siguen su sentir. Mas si Dios está entre nosotros, necesario es que dejemos algunas veces nuestro parecer por el bien de la paz. ¿Quien es tan sabio, que lo sepa todo enteramente? Pues no quieras confiar demasiadamente en tu sentido; mas gusta tambien de oir de buena gana el parecer de otro. Si tu parecer es bueno, y no lo dejas por Dios, y sigues el ageno, mas aprovecharás de esta manera.

3 Porque muchas veces he oido ser mas seguro oir, y tomar consejo, que darlo. Bien puede tambien acaecer, que sea bueno el parecer de uno; mas no querer sentir con los otros, cuando la razon, ó la causa lo demanda, señal es de soberbia, y pertinacia.

Capítulo X.

Cómo se ha de cercenar la demasía de las palabras.

1 Excusa cuanto pudieres el ruido de los hombres; pues mucho estorba el tratar de las cosas del siglo, aunque se digan con buena intencion; porque presto somos amancillados, y cautivos de la vanidad. Muchas veces quisiera haber callado, y no haber estado entre los hombres. ¿Pero que es la causa que tan de gana hablamos y platicamos unos con otros, viendo cuán pocas veces volvemos al silencio sin daño de la conciencia? La razon es; que por el hablar buscamos ser consolados unos de otros, y deseamos aliviar al corazon fa-

tigado de pensamientos diversos, y de muy buena gana nos detenemos en hablar y pensar de las cosas que amamos, ó sentimos adversas.

2 Mas ¡ay dolor! que muchas veces vanamente, y sin fruto; porque esta exterior consolacion es de gran detrimento á la interior y divina. Por eso velemos y oremos, no se pase el tiempo en valde. Si puedes, y conviene hablar, sean cosas que edifiquen. La mala costumbre y la negligencia de aprovechar, ayuda mucho á la poca guarda de nuestra lengua; pero no poco servirá para nuestro espiritual aprovechamiento la devota plática de cosas espirituales, especialmente cuando muchos de un mismo espíritu y corazon se juntan en Dios.

Capítulo XI.

Cómo se debe adquirir la paz, y del zelo de aprovechar.

1 Mucha paz tendriamos, si en los dichos y hechos agenos, que no nos pertenecen, no quisiesemos meternos. ¿Como quiere estar en paz mucho tiempo el que se entremete en cuidados agenos, y busca ocasiones exteriores, y dentro de sí poco ó tarde se recoge? Bienaventurados los sencillos, porque tendrán mucha paz.

2 ¿Que fue la causa porque muchos de los Santos fueron tan perfectos y contemplativos? Porque estudiaron en mortificarse totalmente á todo deseo terreno: y por eso pudieron con lo ín-

timo del corazon allegarse á Dios, y ocuparse libremente en sí mismos. Nosotros nos ocupamos mucho con nuestras pasiones, y tenemos demasiado cuidado de lo que se pasa: Y tambien pocas veces vencemos un vicio perfectamente, ni nos alentamos para aprovechar cada dia; y por esto nos quedamos tibios, y aun frios.

Si fuesemos perfectamente muertos á nosotros mismos, y en lo interior desocupados, entonces podriamos gustar las cosas divinas, y experimentar algo de la contemplacion celestial. El total y el mayor impedimento es, que no somos libres de nuestras inclinaciones y deseos, ni trabajamos por entrar en el camino perfecto de los Santos. Y tambien cuando alguna adversidad se nos ofrece, muy presto nos desalentamos, y nos volvemos á las consolaciones humanas.

4 Si nos esforzasemos mas en la batalla á pelear como fuertes varones, veríamos sin duda la ayuda del Señor, que viene desde el cielo sobre nosotros; porque aparejado está á socorrer á los que pelean y esperan en su gracia; el cual nos procura ocasiones de pelear, para que alcancemos victoria. Si solamente en las observancias de fuera ponemos el aprovechamiento de la vida religiosa, presto se nos acabará la devocion que teniamos. Mas pongamos la segur á la raiz, porque libres de las pasiones, poseamos pacíficas nuestras almas.

5 Si cada año desarrai-

gásemos un vicio, presto seríamos perfectos; mas ahora al contrario muchas veces lo experimentamos, que hallamos que fuimos mejores y mas puros en el principio de nuestra conversion, que despues de muchos años de profesos. Nuestro fervor y aprovechamiento cada dia debe crecer; mas ahora por mucho se estima perseverar en alguna parte del primer fervor. Si al principio hiciesemos algun esfuerzo, podriamos despues hacerlo todo con ligereza y gozo.

6. Grave cosa es dejar la costumbre; pero mas grave es ir contra la propia voluntad; mas si no vences las cosas pequeñas y ligeras, ¿como vencerás las dificultosas? Resiste en los principios á tu inclinacion, y deja la mala

costumbre, porque no te lleve poco á poco á mayor dificultad. ¡O si mirases cuanta paz á ti mismo, y cuanta alegría darias á los otros, rigiéndote bien: yo creo que serias mas solícito en el aprovechamiento espiritual!

Capítulo XII.

De la utilidad de las adversidades.

1 Bueno es que algunas veces nos sucedan cosas adversas, y vengan contrariedades, porque suelen atraer al hombre al corazon, para que se conozca desterrado, y no ponga su esperanza en cosa alguna del mundo. Bueno es que padezcamos á veces contradicciones, y que sientan de nosotros mal é imperfectamente, aunque hagamos

bien, y tengamos buena intencion. Estas cosas de ordinario ayudan á humildad, y nos defienden de la vanagloria; porque entonces mejor buscamos á Dios por testigo interior, cuando por defuera somos despreciados de los hombres, y no nos dan crédito.

2 Por eso debia uno afirmarse de tal manera en Dios, que no le fuese necesario buscar muchas consolaciones humanas. Cuando el hombre de buena voluntad es atribulado, ó tentado, ó afligido con malos pensamientos, entonces conoce tener de Dios mayor necesidad, experimentando que sin él no puede nada bueno. Entonces tambien se entristece, gime y llora por las miserias que padece. Entonces le es moles-

ta la vida larga, y desea hallar la muerte para ser desatado de este cuerpo, y estar con Cristo. Entonces tambien conoce que no puede haber en el mundo perfecta seguridad, ni cumplida paz.

Capítulo XIII.

Cómo se ha de resistir á las tentaciones.

1 Mientras en el mundo vivimos, no podemos estar sin tribulaciones y tentaciones; pues está escrito en Job: Tentacion es la vida del hombre sobre la tierra; por eso cada uno debe tener mucho cuidado, y velar en oracion, porque no halle el demonio lugar de engañarle, que nunca duerme, sino busca por todos lados á quien tragarse. Ninguno hay tan santo

ni tan perfecto que no tenga algunas veces tentaciones, y no podemos vivir sin ellas.

2 Mas son las tentaciones muchas veces utilísimas al hombre, aunque sean graves, y pesadas; porque en ellas es uno humillado, purgado y enseñado. Todos los Santos por muchas tribulaciones y tentaciones pasaron, y aprovecharon; y los que no las quisieron sufrir y llevar bien, fueron tenidos por malos, y desfallecieron. No hay religion tan santa, ni lugar tan secreto donde no hay tentaciones y adversidades.

3 No hay hombre seguro del todo de tentaciones mientras que vive; porque en nosotros mismos está la causa de donde vienen, pues que nacimos con la inclinacion al

pecado. Despues de una tentacion ó tribulacion pasada sobreviene otra, y siempre tendremos que sufrir; porque se perdió el bien de nuestra felicidad. Muchos quieren huir las tentaciones, y caen en ellas mas gravemente. No se pueden vencer con solo huir; mas con paciencia y verdadera humildad nos hacemos mas fuertes que todos los enemigos.

4 El que solamente quita lo que se ve, y no arranca la raiz, poco aprovechará; antes tornarán á él mas presto las tentaciones, y hallarse ha peor. Poco á poco, con paciencia y larga esperanza vencerás con el favor divino mejor que no con tu propio conato y fatiga. Toma muchas veces consejo en la tentacion, y no seas desabrido

con el que está sentado; antes procura consolarlo como tú lo quisieras para ti.

5 El principio de toda tentacion es no ser uno constante, y no confiar en Dios; porque como la nave sin gobernalle, la llevan á una y otra parte las ondas, asi el hombre descuidado, y que desiste de su propósito, es tentado de diversas maneras. El fuego prueba al hierro, y la tentacion al justo. Muchas veces no sabemos lo que podemos; mas la tentacion descubre lo que somos. Debemos pues velar, principalmente al principio de la tentacion, porque entonces más fácilmente es vencido el enemigo cuando no le dejamos pasar de la puerta del ánima, y se le resiste al umbral luego que toca. Por lo cual dijo

uno: Resiste á los principios: tarde viene el remedio cuando la llaga es muy vieja; porque primeramente se ofrece al ánima solo el pensamiento sencilllo; despues la importuna imaginacion; luego la delectacion, y el torpe movimiento, y el consentimiento; y asi se entra poco á poco el maligno enemigo, y se apodera de todo por no resistirle al principio. Y cuanto mas tiempo fuere uno perezoso en resistir, tanto se hace cada dia mas flaco, y el enemigo contra él mas fuerte.

6 Algunos padecen graves tentaciones al principio de su conversion, otros al fin, otros casi toda su vida. Algunos son tentados blandamente, segun la sabiduría y juicio de la divina Providencia, que mide el estado y los méritos

de Cristo. Lib. I. 37
de los hombres, y todo lo tiene ordenado para la salvacion de los escogidos.

7 Por eso no debemos desconfiar cuando estamos tentados; mas antes rogar á Dios con mayor fervor, que sea servido de ayudarnos en toda tribulacion; el cual sin duda, segun el dicho de S. Pablo, nos dará el auxilio, junto con la tentacion, que la podamos sufrir. Pues asi es, humillemos nuestras ánimas debajo de la mano de Dios en toda tribulacion y tentacion, porque él salvará y engrandecerá los humildes de espíritu.

8 En las tentaciones y adversidades se ve cuanto uno ha aprovechado, y en ellas consiste el mayor merecimiento, y se conoce mejor la virtud. No es mucho ser un

hombre devoto y fervoroso cuando no siente pesadumbre; mas si el tiempo de la adversidad se sufre con paciencia, señal y esperanza es de gran provecho. Algunos hay que no caen en grandes tentaciones, y son vencidos á menudo en las menores, porque se humillen, y no confien de sí en cosas grandes, siendo flacos en cosas tan pequeñas.

Capítulo XIV.

Cómo se deben evitar los juicios temerarios.

1 Pon los ojos en ti mismo, y guárdate de las obras agenas. En juzgar á otros se ocupa uno en vano, y yerra muchas veces, y peca fácilmente; mas juzgando, y exa-

minándose á sí, se emplea siempre con fruto. Muchas veces segun nuestro gusto sentimos de las cosas, pues fácilmente perdemos el verdadero juicio de ellas por el amor propio. Si fuese Dios siempre el fin puramente de nuestro deseo, no nos turbaria tan presto la contradiccion de nuestra sensualidad.

2 Muchas veces tenemos algo adentro escondido, ó de fuera se ofrece, cuya aficion nos lleva tras sí. Muchos buscan secretamente su propia comodidad en las obras que hacen, y no lo entienden. Tambien les parece estar en paz cuando se hacen las cosas á su voluntad y gusto; mas si de otra manera suceden, presto se alteran y entristecen. Por la adversidad de los pareceres muchas ve-

ces se levantan discordias entre los amigos y vecinos, entre los religiosos y devotos.

3. La costumbre antigua con dificultad se quita, y ninguno deja de buena gana su propio parecer. Si en tu razon é industria estribas mas que en la virtud de la sujecion de Jesucristo, pocas veces y tarde serás ilustrado; porque quiere Dios que nos sujetemos á él perfectamente, y que trascendamos toda razon inflamados de su amor.

CAPÍTULO XV.

De las obras que proceden de la caridad.

1. No se debe hacer lo que es malo por ninguna cosa del mundo, ni por amor de alguno; mas por el provecho

de quien lo hubiere menester, alguna vez se puede dejar la buena obra, ó trocarse por otra mejor. De esta suerte no se pierde; mas múdase en mejor. La obra exterior sin caridad no aprovecha; mas todo cuanto se hace con caridad, por poco que sea, se hace fructuoso, pues mas mira Dios al corazon que á la obra que se hace.

2 Mucho hace el que mucho ama, y mucho hace el que todo lo hace bien; y bien hace el que sirve mas al bien comun que á su voluntad propia. Muchas veces parece caridad lo que mas es propio amor; porque la inclinacion de la naturaleza, la propia voluntad, la esperanza del retorno, el gusto de la comodidad pocas veces nos dejan.

3 El que tiene verdadera,

y perfecta caridad no se busca á sí mismo en cosa alguna; mas en todas las cosas desea que sea Dios glorificado. De nadie tiene envidia, porque no ama algun gusto propio, ni se quiere gozar en sí; mas desea sobre todas las cosas gozar de Dios. A nadie atribuye ningun bien; mas refiérele todo á Dios, del cual, como de fuente, manan todas las cosas, en el que finalmente todos los Santos descansan con perfecto gozo. ¡O quien tuviese una centella de verdadera caridad! Por cierto que sentiria estar todas las cosas llenas de vanidad.

Capítulo XVI.

Cómo se han de llevar los defectos agenos.

1 Lo que no puede un hombre enmendar en sí, ni en los otros, débelo sufrir con paciencia hasta que Dios lo ordene de otro modo. Piensa que por ventura te está asi mejor para tu probacion y paciencia, sin la cual no son de mucha estimacion nuestros merecimientos. Mas debes rogar á Dios por estos estorbos, porque tenga por bien de socorrerte para que los toleres.

2 Si alguno, amonestado una vez ó dos, no se enmendare, no porfies con él; mas encomiéndalo todo á Dios, para que se haga su voluntad,

y él sea honrado en todos sus siervos, que sabe sacar de los males bienes. Estudia, y aprende á sufrir con paciencia cualesquier defectos y flaquezas agenas, pues que tú tambien tienes mucho en que te sufran los otros. Si no puedes hacerte á ti cual deseas, ¿cómo quieres tener á otro á la medida de tu deseo? De buena gana queremos á los otros perfectos, y no enmendamos los defectos propios.

3 Queremos que los otros sean castigados con rigor, y nosotros no queremos ser corregidos. Parécenos mal si á los otros se les da larga licencia, y nosotros no queremos que cosa alguna que pedimos se nos niegue. Queremos que los otros sean oprimidos con estrechos estatutos, y en ninguna manera sufrimos que

nos sea prohibido cosa alguna. Asi parece claro cuan pocas veces amamos al prójimo como á nosotros mismos. Si todos fuesen perfectos, ¿que tenias que sufrir por Dios á tus hermanos?

4. Pero asi lo ordenó Dios para que aprendamos á llevar las cargas agenas; porque no hay ninguno sin defecto, ninguno sin carga, ninguno es suficiente ni cumplidamente sabio para sí: importa llevarnos, consolarnos, y juntamente ayudarnos unos á otros, instruirnos y amonestarnos. De cuanta virtud sea cada uno, mejor se descubre en la ocasion de la adversidad: porque las ocasiones no hacen al hombre flaco, mas declaran que lo es.

Capítulo XVII.

De la vida de los Monasterios.

1 Conviene que aprendas á quebrantarte á ti en muchas cosas, si quieres tener paz y concordia con otros. No es poco morar en los monasterios y congregaciones, y alli conversar sin quejas y perseverar fielmente hasta la muerte. Bienaventurado es el que vive alli bien, y acaba dichosamente. Si quieres estar bien, y aprovechar, mírate como desterrado y peregrino sobre la tierra. Conviene hacerte simple por Jesucristo, si quieres seguir la vida religiosa.

2 El hábito y la corona poco hacen; mas la mudanza de las costumbres, y la entera mortificacion de las pasio-

nes hacen al hombre verdadero religioso. El que busca algo fuera de Dios, y la salvacion de su alma, no hallará sino tribulacion y dolor. No puede estar mucho tiempo en paz el que no procura ser el menor, y el mas sujeto á todos.

3 Veniste á servir, y no á mandar: persuádete que fuiste llamado para trabajar y padecer, no para holgar y parlar; pues aqui se prueban los hombres, como el oro en crisol: aqui no puede alguno estar, si no se quiere de todo corazon humillar por Dios.

CAPÍTULO XVIII.
De los ejemplos de los Santos Padres.

1 Considera bien los heróicos ejemplos de los Santos Padres, en los cuales resplan-

dece la verdadera perfeccion y religion, y verás cuan poco ó casi nada es lo que hacemos. ¡Ay de nosotros! ¿qué es nuestra vida comparada con la suya? Los Santos y amigos de Cristo sirvieron al Señor en hambre, en sed, en frio, en desnudez, en trabajos, en fatigas, con vigilias y ayunos, en oraciones y santas meditaciones, en persecuciones y muchos oprobios.

2 ¡O cuan graves y muchas tribulaciones padecieron los Apóstoles, Mártires, Confesores, Vírgenes, y todos los demas que quisieron seguir las pisadas de Jesucristo, pues en esta vida aborrecieron sus vidas para poseer sus ánimas en la eterna! ¡O cuan estrecha y retirada vida hicieron los Santos

Padres en el yermo! ¡Cuan largas y graves tentaciones padecieron! ¡Cuan de ordinario fueron atormentados del enemigo! ¡Cuan continuas y fervientes oraciones ofrecieron á su Dios! ¡Cuan rigurosas abstinencias cumplieron! ¡Cuan gran zelo, y fervor tuvieron en su aprovechamiento espiritual! ¡Cuan fuertes peleas pasaron para vencer los vicios! ¡Cuan dura y recta intencion tuvieron con Dios! De dia trabajaban, y las noches ocupaban en larga oracion, aunque trabajando no cesaban de la mental.

3 Todo el tiempo gastaban bien, las horas les parecian cortas para darse á Dios; y por la gran dulzura de la contemplacion, se olvidaban de la necesidad del mantenimiento corporal. Renuncia-

ban todas las riquezas, honras, dignidades, parientes y amigos: ninguna cosa querian del mundo, apenas tomaban lo necesario para la vida, y les era pesado servir á su cuerpo, aun en las cosas necesarias. De modo que eran pobres de lo temporal; mas riquísimos en gracia y virtudes. En lo de fuera eran necesitados; pero en lo interior estaban abastecidos de la gracia, y con divinas consolaciones recreados.

4 Agenos eran al mundo; mas muy allegados á Dios, del cual eran familiares amigos. Teníanse por nada cuanto á sí mismos, y para con el mundo eran despreciados; mas en los ojos de Dios fueron muy preciosos y amados. Estaban en verdadera humildad, vivian en sencilla

obediencia, andaban en caridad y paciencia, y por eso cada dia crecian en espíritu, y alcanzaban mucha gracia delante de Dios. Fueron puestos por dechados á todos los religiosos; y mas nos deben mover para aprovechar en el bien, que no la muchedumbre de los tibios para aflojar y descaecer en los ejercicios espirituales.

5 ¡O cuan grande fue el fervor de todos los religiosos al principio de sus sagrados institutos! ¡Cuanta la devocion de la oracion! ¡Cuanto el zelo de la virtud! ¡Cuanta disciplina floreció! ¡Cuanta reverencia y obediencia al superior hubo en todas las cosas! Aun hasta ahora dan testimonio de ello las señales que quedaron, de que fueron verdaderamente varones

santos y perfectos, que peleando tan esforzadamente, atropellaron al mundo. Ahora ya se estima en mucho aquel que no quebranta la regla, y si con paciencia puede sufrir lo que aceptó por su voluntad.

6. ¡O tibieza y negligencia de nuestro estado, que tan presto declinamos del fervor primero, y nos es molesto el vivir por nuesta flojedad y tibieza! Pluguiese á Dios que no durmiese en ti el aprovechamiento de las virtudes, pues viste muchas veces tantos ejemplos de devotos varones.

CAPÍTULO XIX.

De los ejercicios del buen Religioso.

1 La vida del buen religioso debe resplandecer en

toda virtud, que sea tal en lo interior, cual parece de fuera. Y con razon debe ser mas lo interior, que lo que se mira exteriormente, porque nos mira nuestro Dios, á quien debemos suma reverencia donde quiera que estuviéremos, y debemos andar tan puros como los Angeles en su presencia. Cada dia debemos renovar nuestro propósito, y despertarnos á mayor fervor, como si hoy fuese el primer dia de nuestra conversion, y decir: Señor, Dios mio, ayúdame en mi buen intento, y en tu santo servicio; y dame gracia para que comience hoy perfectamente, porque no es nada cuanto hice hasta aqui.

2 Segun es nuestro propósito, asi es nuestro aprovechar; y quien quiere aprove-

charse bien, ha menester ser muy diligente. Si el que propone firmísimamente falta muchas veces, ¿que será el que tarde ó nunca propone? Acaece de diversos modos el dejar nuestro propósito; y faltar de ligero en los ejercicios que se tienen de costumbre, pocas veces pasa sin algun daño. El propósito de los justos mas pende de la gracia de Dios, que del saber propio, y en él confian siempre en cualquier cosa que comienzan; porque el hombre propone, mas Dios dispone, y no está en mano del hombre su camino.

3 Si se deja alguna vez el ejercicio acostumbrado por piedad, ó por el provecho del prójimo, despues se puede raparar fácilmente; mas si por enfado ó negligencia ligeramente se deja, muy culpable,

es, y se sentirá dañoso. Esforcémonos cuanto pudiéremos, que aun asi en muchas faltas caeremos fácilmente; pero alguna cosa determinada debemos siempre procurar, y principalmente se han de remediar las que mas nos estorvan. Debemos examinar y ordenar todas nuestras cosas exteriores é interiores, porque todo conviene para el aprovechamiento espiritual.

4 Si no puedes recogerte de ordinario siquiera algunos ratos, recógete por lo menos una vez al dia. Por la mañana propon, y á la noche examina tus obras, qué tal has sido este dia en la obra, en la palabra y en el pensamiento; porque puede ser que ofendiste en esto á Dios y al prójimo muchas veces. Armate como varon contra las mali-

cias del demonio. Refrena la gula, y fácilmente refrenarás toda inclinacion de la carne. Nunca estés del todo ocioso; mas lee, ó escribe, ó reza, ó medita, ó haz algo de provecho para la comunidad. Mas los ejercicios corporales se deben tomar con discrecion, porque no son igualmente para todos.

5 Los ejercicios particulares no se deben hacer públicamente, porque son mas seguros para en secreto. Guardate no seas mas presto para lo particular que para lo comun; pero cumplido muy bien lo que debes, y que te está encomendado, si tienes lugar, éntrate dentro de ti, como desea tu devocion. No podemos todos ejercitar una misma cosa: unas convienen mas á unos, y otras á otros

Y según el tiempo, te son mas á propósito diversos ejercicios: unos son para las fiestas de precepto, otros para los dias de trabajo, convienen otros para el tiempo de la tentacion, otros para el de la paz y sosiego. En unas cosas es bien pensar cuando estamos tristes, y en otras cuando alegres en el Señor.

6 En las fiestas principales debemos renovar nuestros buenos ejercicios, é invocar con mayor fervor la intercesion de los Santos. De fiesta en fiesta debemos proponer algo, como si entónces hubiésemos de salir de este mundo, y llegar á la eterna festividad. Por eso debemos aparejarnos con cuidado en los tiempos devotos, y conversar con mayor devocion, y guardar toda observancia

estrechamente; como quien ha de recibir en breve de Dios el premio de sus trabajos.

7 Y si se dilatare, creamos que no estamos aparejados, y que aun somos indignos de tanta gloria como se declara en nosotros, acabado el tiempo de la vida, y estudiemos en aparejarnos mejor para morir. Bienaventurado el siervo, dice el Evangelista San Lucas, que cuando viniere el Señor, le hallare velando: en verdad os digo, que le constituirá sobre todos sus bienes.

Capítulo XX.

Del amor de la soledad y silencio.

1 Busca tiempo competente para estar contigo, y piensa á menudo en los beneficios de Dios. Deja las co-

sas curiosas, y lee tales tratados que te den mas compuncion que ocupacion. Si te apartares de pláticas superfluas, y de andar ocioso, y de oir nuevas y murmuraciones, hallarás tiempo suficiente y á propósito para darte á la imitacion de las cosas divinas. Los mayores Santos evitaban cuanto podian las compañías de los hombres, y elegian el servir á Dios en su retiro.

2 Dijo uno: cuantas veces estuve entre los hombres, volví menos hombre, lo cual experimentamos cada dia, cuando hablamos mucho. Mas fácil cosa es callar siempre, que hablar sin errar: mas fácil es encerrarse en su casa, que guardarse del todo fuera de ella. Por esto el que quiere llegar á las cosas interiores

y espirituales, le conviene apartarse con Jesucristo de la gente. Ninguno se muestre seguro en público, sino el que se esconde voluntariamente. Ninguno habla con acierto, sino el que calla de buena gana. Ninguno preside dignamente, sino el que se sujeta con gusto. Ninguno manda con razon, sino el que aprendió á obedecer sin replicar.

3 Nadie se goza seguramente, sino quien tiene el testimonio de la buena conciencia, pues la seguridad de los Santos siempre estuvo llena del temor divino; ni por eso fueron menos solícitos y humildes en sí mismos, aunque resplandecian en grandes virtudes y gracias: pero la seguridad de los malos nace de la soberbia y presunción, y al fin se convierten en su

mismo engaño. Nunca te tengas por seguro en esta vida, aunque parezcas buen religioso ó devoto ermitaño.

4 Los muy estimados por buenos muchas veces han caido en graves peligros por su mucha confianza; por lo cual es utilísimo á muchos, que no les falten del todo tentaciones, y que sean muchas veces combatidos, porque no se aseguren mucho de sí propios, porque no se levanten con soberbia, ni se derramen demasiadamente en los consuelos exteriores. ¡O quien nunca buscase alegría transitoria.! ¡O quien nunca se ocupase en el mundo, y cuán buena conciencia guardaría! ¡O quien quitara de sí todo vano cuidado y pensase solamente las cosas saludables y divinas, y pusiese toda su

esperanza en Dios, cuánta paz y sosiego poseería!

5. Ninguno es digno de la consolacion celestial, sino el que se ejercitare con diligencia en la santa contricion. Si quieres arrepentirte de corazon, entra en tu retiro, y destierra de ti todo bullicio del mundo, segun está escrito: compungíos en vuestros retiramientos. En la celda hallarás lo que pierdes muchas veces por defuera. El rincon usado se hace dulce, y el poco usado causa enfado. Si al principio de tu conversion le guardares bien, te será despues tu recogimiento dulce amigo, y agradable consuelo.

6 En el silencio y sosiego se aprovecha el ánima devota, y aprende los secretos de las Escrituras: alli halla arroyos de lágrimas con que

lavarse todas las noches, para que sea tanto mas familiar á su hacedor, cuanto mas se desviare del tumulto del siglo; pues asi es el que se aparta de amigos y conocidos, que estará mas cerca de Dios y de sus Angeles. Mejor es esconder y cuidar de sí, que con descuido propio hacer milagros. Muy loable es al hombre religioso salir fuera pocas veces, huir de mostrarse y no querer ver á los hombres.

7 ¿Para que quieres ver lo que no te conviene tener? El mundo se pasa y sus deleites. Los deseos sensuales nos llevan á pasatiempos; mas pasada aquella hora, ¿que nos queda sino pesadumbre de conciencia, y derramamiento de corazon? La salida alegre causa muchas veces triste vuelta; y la alegre tarde hace

triste mañana; y asi, todo gozo carnal entra blandamente, mas al cabo muerde y mata. ¿Que puedes ver en otro lugar que aqui no lo veas? Aqui ves el cielo y la tierra y todos los elementos, y de estos fueron hechas todas las cosas.

8 ¿Que puedes ver en algun lugar, que permanezca mucho tiempo debajo del sol? ¿Piensas satisfacer tu apetito? Pues no lo alcanzarás. Si vieses todas las cosas delante de ti, ¿que seria sino una vista vana? Alza tus ojos á Dios en el cielo, y ruega por tus pecados y negligencias. Deja lo vano á los vanos, y tú ten cuidado de lo que manda Dios. Cierra tu puerta sobre ti, y llama á tu amado Jesus, está con él en tu celda, que no hallarás en otro lugar tanta paz. Si no salieras ni oyeras

nuevas; mejor perseverarás en santa paz; pues te huelgas de oir algunas veces novedades, conviénete sufrir el que vengan turbaciones.

Capítulo XXI.

Del remordimiento del corazon.

1 Si quieres aprovechar algo, consérvate en el temor de Dios, y no quieras ser muy libre: mas con disciplina refrena todos tus sentidos, y no te des á vanos contentos. Date á la compuncion, y te hallarás devoto: la compuncion descubre muchos bienes que la disolucion suele perder en breve. Maravilla es que el hombre se pueda alegrar perfectamente en esta vida considerando su destierro, y pensando

los peligros de su ánima.

2 Por la liviandad del corazon, y por el descuido de nuestros defectos no sentimos los males de nuestra alma; mas muchas veces reimos cuando deberiamos llorar. No hay verdadera libertad ni buena alegría, sino en el temor de Dios con buena conciencia. Bienaventurado aquel que puede desviarse de todo estorvo, y recogerse á lo interior de la santa compuncion. Bienaventurado el que renunciare todas las cosas que pueden mancillar ó agravar su conciencia. Pelea como varon, una costumbre vence á otra: si tu sabes dejar los hombres, ellos te dejarán hacer tus buenas obras.

3 No te ocupes en cosas agenas, ni te entremetas en las cosas de los mayores. Mi-

ra primero por ti, y amonéstate á ti mismo mas especialmente que á todos cuantos quieres bien. Si no eres favorecido de los hombres, no te entristezcas. Déte pena el que no tienes tanto cuidado de mirar por ti, como conviene al siervo de Dios y á la conversacion del devoto religioso. Muy útil y seguro es, que el hombre no tenga en esta vida muchas consolaciones, mayormente segun la carne. Mas no sentir ó gustar las divinas, culpa es de que no buscamos la contricion y ternura de corazon, ni desechamos del todo las vanas consolaciones de los sentidos.

5 Conócete por indigno de la divina consolacion; pero mas digno de ser atribulado. Cuando el hombre tiene perfecta contricion, luego le

es grave y amargo todo el mundo. El que es bueno siempre halla bastante materia para dolerse y llorar, porque ora se mire á sí, ora piense en su prójimo, sabe que ninguno vive aquí sin tribulaciones: y cuanto mas verdad se mira, tanto mas halla por qué dolerse. Materia de justo dolor y entrañable contricion son nuestros pecados y vicios, en que estamos tan caidos; que pocas veces podemos contemplar lo celestial.

5 Si continuamente pensases mas en tu muerte, que en vivir largo tiempo, no hay duda que te enmendarias con mayor fervor. Si pusieses tambien delante de tu corazon las penas del infierno, ó del purgatorio, creo yo que de muy buena gana sufririas cualquier trabajo y dolor, y

no rehusarias ninguna aspereza; mas como estas cosas no pasan al corazon, y amamos siempre el regalo, nos quedamos frios y perezosos.

6 Muchas veces es falta de espíritu, que se queje el cuerpo miserable tan presto. Ruega pues con humildad al Señor, que te dé espíritu de contricion, y dí con el Profeta: dáme, Señor, á comer del pan de lágrimas, y dáme á beber las lágrimas en medida.

Capítulo XXII.

Consideracion de la miseria humana.

1 Miserable serás donde quiera que fueres, y donde quiera que te volvieres, si no fuere á Dios. ¿Por que te turbas, si no te sucede lo que quieres y deseas? Quien

es el que tiene todas las cosas á su voluntad? Por cierto, ni yo, ni tú, ni hombre sobre la tierra. No hay hombre en el mundo sin tribulación ó angustia, aunque sea Rey, ó Papa. ¿Pues quién es el que está mejor? Ciertamente el que puede padecer algo por Dios.

2 Dicen muchos flacos: mirad cuán buena vida tiene aquel hombre, cuán rico, cuán poderoso, cuán hermoso, cuán gran Señor; mas tú levanta la atencion á los bienes del cielo, y verás que todas estas cosas temporales no son nada, antes muy instables y que mucho agravan; porque nunca las podemos poseer sin cuidado y temor. No está la felicidad del hombre en tener abundancia de lo temporal; bástele una vida mediana.

Verdadera miseria es vivir en la tierra. Cuanto el hombre quisiere ser mas espiritual, tanto le será mas amarga la vida, porque siente mejor, vé mas claro los defectos de la corrupcion humana. Porque comer, beber, velar, dormir, reposar, trabajar y estar sujeto á toda necesidad natural, de verdad es grandísima miseria y pesadumbre al hombre devoto, el cual desea ser desatado de este cuerpo, y libre de toda culpa.

3 Porque el hombre interior está muy agravado con las necesidades corporales en este mundo, ruega devotamente al Profeta que le libre de ellas, diciendo: líbrame, Señor, de mis necesidades. ¡Mas ay de los que no conocen su miseria, y mucho mas ay de los que aman esta mise-

rable y corruptible vida! Por que hay algunos tan abrazados con ella, que aunque con mucha dificultad trabajando ó mendigando, tengan lo necesario, si pudiesen vivir aqui siempre, no cuidarian del reino de Dios.

4 ¡O locos y duros de corazon, que tan profundamente envuelven en la tierra, que no saben sino las cosas carnales! Mas en el fin sentirán gravemente cuán vil, y cuán nada era lo que amaron. Los Santos de Dios, y todos los devotos y amigos de Cristo, no tenian cuenta de lo que agradaba á la carne ni de lo que florecia en esta vida temporal; mas toda su esperanza é intencion suspiraba por los bienes eternos. Todo su deseo se levantaba á lo que permanece y que no se ve, porque

de Cristo. Lib. I.

no fuesen abatidos á las cosas bajas con el amor de lo visible. No quieras, hermano, perder la confianza de aprovechar en las cosas espirituales; aun tiempo y hora tienes.

5 ¿Por que quieres dilatar tu propósito? Levántate, y comienza en este momento, y di: ahora es tiempo de obrar: ahora es tiempo de pelear; ahora es tiempo conveniente para enmendarme. Cuando no estás bueno, y tienes alguna tribulacion, entonces es tiempo de merecer. Conviene que pases por fuego y por agua antes que llegues al descanso. Si no te haces fuerza, no vencerás el vicio. Mientras estamos en este frágil cuerpo, no podemos estar sin pecado, ni vivir sin fatiga y dolor. De buena gana tendriamos descanso de toda

miseria; mas como perdimos la inocencia con el pecado, perdióse con ella la verdadera felicidad. Por eso nos importa tener paciencia, y esperar la misericordia de Dios hasta que se acabe esta malicia, que reina ahora, y la vida destruye á la muerte.

6 ¡O cuanta es la flaqueza humana, que siempre está inclinada á los vicios! Hoy confiesas tus pecados, y mañana te tornas á ellos. Ahora propones de guardarte, y de aqui á una hora haces como si no hubieras propuesto. Con gran razon nos podemos humillar, y no sentir de nosotros cosa grande, pues somos tan flacos y tan mudables. Por cierto presto se pierde por descuido lo que con mucho trabajo dificultosamente se ganó por gracia.

7 ¿Que será de nosotros al fin, pues ya tan temprano estamos tibios? ¡Ay de nosotros, si asi queremos ir al descanso, como si ya tuviesemos paz y seguridad, cuando aun no parece señal de verdadera santidad en nuestra conversacion! Bien seria que aun fuesemos instruidos otra vez, como niños, en buenas costumbres, si por ventura hubiese alguna esperanza de enmienda, y de mayor aprovechamiento espiritual.

Capítulo XXIII.

Del pensamiento de la muerte.

1 Muy presto será contigo este negocio, y se habrá con olvido con todas tus cosas; por eso mira como vives. Hoy es el hombre, y mañana no parece. En quitándolo de

los ojos, se va presto también de la memoria. ¡O torpeza y dureza del corazon humano, que solamente piensa lo presente, sin cuidado de lo por venir! Asi habias de haberte de toda accion y pensamiento, como si luego hubieses de morir. Si tuvieses buena conciencia no temerias mucho la muerte. Si hoy no estás aparejado, ¿como lo estarás mañana? El dia de mañana es incierto, ¿y que sabes si amanecerás otro dia?

2 ¿Que aprovecha vivir mucho, cuando tan poco nos enmendamos? La larga vida no siempre enmienda lo pasado; antes muchas veces añade pecados. ¡O si hubiesemos vivido siquiera un dia bien en este mundo! Muchos cuentan los años de su conversion; pero muchas veces

es poco el fruto de la enmienda. Si es temeroso el morir, puede ser que sea mas peligroso el vivir mucho. Bienaventurado el que tiene siempre la hora de la muerte delante de sus ojos, y se apareja cada dia á morir. Si viste morir algun hombre, piensa que por aquella carrera has de pasar.

3 Cuando fuere de mañana piensa que no llegarás á la noche; y cuando fuere de noche no te oses prometer la mañana. Por eso está siempre aparejado, y vive de tal manera que nunca te halle la muerte desapercibido. Muchos mueren de repente; porque en la hora que no se piensa vendrá el Hijo de la Vírgen. Cuando viniere aquella hora postrera, de otra suerte comenzarás á sentir de toda tu vida pasada, y te do-

lerás mucho porque fuiste tan negligente y perezoso.

4 ¡Que bienaventurado y prudente es el que vive de tal modo, cual desea le halle Dios en la hora de la muerte! Porque el perfecto desprecio del mundo, el ardiente deseo de aprovechar en las virtudes, el amor de la buena vida, el trabajo de la penitencia, la prontitud de la obediencia, el renunciarse á sí mismo, la paciencia en toda adversidad por amor de nuestro Señor Jesucristo, gran confianza le darán de morir felizmente. Muchos bienes podrias hacer cuando estás sano: mas cuando enfermo, no sé qué podrás. Pocos se enmiendan con la enfermedad: y los que andan en muchas romerías tarde son santificados.

5 No confies en amigos,

ni en vecinos, ni dilates en asegurar tu salvacion para lo por venir; porque mas presto de lo que piensas estarás olvidado de los hombres: mejor es ahora con tiempo prevenir algunas buenas obras que envies adelante, que esperar en el ayuda de otros. Si tú no eres solícito para ti ahora, ¿quien tendrá cuidado de ti despues? Ahora es el tiempo muy precioso, ahora son dias de salud, ahora es el tiempo agradable; pero ¡ay dolor! que lo gastas sin aprovecharte pudiendo en él ganar cómo eternamente vivas. Vendrá cuando desearás un dia ó una hora para enmendarte: y no sé si te será concedida.

6 ¡O hermano, de cuanto peligro te podrias librar, y de cuán grave espanto salir, si siempre estuvieses temero-

so y sospechoso de la muerte! Trata ahora de vivir de modo, que en la hora de la muerte puedas antes gozarte, que temer. Aprende ahora á morir al mundo, para que despues comiences á vivir con Cristo. Aprende ahora á despreciar todas las cosas, para que entonces puedas libremente ir á él. Castiga ahora tu cuerpo, porque entonces puedas tener cierta confianza.

7 ¡O loco! ¿por que piensas vivir mucho, no teniendo un dia seguro? ¿Cuantos han sido engañados, y apartados del cuerpo cuando no lo pensaban? Cuántas veces oiste contar, que uno murió á puñaladas, otro se ahogó, otro cayó de alto, y se quebró la cabeza, otro comiendo se quedó pasmado, á otro jugando le vino su fin: uno murió

con fuego, otro con hierro, otro de peste, otro á manos de ladrones: y asi, la muerte es fenecimiento de todos, y la vida de los hombres se pasa como sombra súbitamente.

8. ¿Quien se acordará, y quién rogará por ti despues de muerto? Ahora, hermano, haz lo que pudieres, que no sabes cuándo morirás, ni lo que te acaecerá despues de la muerte. Ahora que tienes tiempo, atesora riquezas inmortales: y no pienses sino en tu salvacion, y cuida solamente de las cosas de Dios. Hazte amigo de los Santos, honrándolos, é imitando sus obras, para que cuando salieres de esta vida, te reciban en las moradas eternas.

9 Trátate como huesped, y peregrino sobre la tierra á quien no le va nada en los ne-

gocios del mundo. Guarda tu corazon libre, y levantado á Dios, porque aqui no tienes ciudad permanente. Alli endereza tus oraciones y gemidos cada dia con lágrimas, porque merezca tu espíritu despues de la muerte pasar dichosamente al Señor.

Capítulo XXIV.

Del juicio y de las penas de los pecados.

1 Mira el fin en todas las cosas, y de qué suerte estarás delante de aquel Juez justísimo, al cual no hay cosa encubierta, ni se amansa con dones, ni admite excusas; mas juzgará justísimamente. O ignorante y miserable pecador, ¿que responderás á Dios que sabe todas tus maldades? Tú que

temes á las veces el rostro de un hombre airado; ¿por que no te previenes para el dia del juicio, cuando no habrá quien defienda, ni ruegue por otro; mas cada uno tendrá que hacer por sí? Ahora tu trabajo es fructuoso, tu llanto aceptable, tus gemidos se oyen, tu dolor es satisfactorio.

2 Aqui tiene el hombre sufrido grave y saludable purgatorio, que recibiendo injurias, se duele mas de la malicia del injuriador, que de su propia ofensa. El ruega á Dios por sus contrarios de buena gana, y de corazon perdona los agravios, y no tarda en pedir perdon á cualquiera, y mas fácilmente tiene misericordia, que se indigna. El se hace fuerza muchas veces, y procura sujetar del todo su carne al espíritu. Mejor

es ahora purgar los pecados, y cortar los vicios, que dejarlos para lo venidero. Por cierto nosotros nos engañamos por el amor desordenado que nos tenemos.

3 ¿En que otra cosa se cebará aquel fuego, sino en tus pecados? Cuanto mas aqui te perdonas, y sigues tu propio amor, tanto mas gravemente despues serás atormentado, pues guardas mayor materia para quemarte. En lo mismo que peca el hombre, será mas gravemente castigado. Alli los perezosos serán punzados con aguijones ardientes: y los golosos serán atormentados con gravísima hambre y sed. Alli los lujuriosos, y amadores de los deleites serán abrasados con ardiente pez, y azufre; y los envidiosos ahullarán con do-

lor, como rabiosos perros.

4 No hay vicio que no tenga su propio tormento: alli los soberbios estarán llenos de confusion; y los avarientos serán oprimidos con miserable necesidad. Alli será mas grave pasar una hora de pena, que aqui cien años de penitencia amarga. Alli no hay sosiego, ni consolacion para los condenados; mas aqui algunas veces cesan los trabajos, y consuelan los amigos. Ahora te den cuidado, y causen dolor tus pecados, porque en el dia del juicio estes seguro con los bienaventurados. Pues entonces estarán los justos con gran constancia contra los que los angustiaron y persiguieron. Entonces estará para juzgar el que aqui se sujetó humildemente al juicio de los hom-

bres. Entonces tendrá mucha confianza el pobre y el humilde; mas el soberbio por todos lados se estremecerá.

5 Entonces será tenido por sabio el que aprendió aqui á ser loco y menospreciado por Cristo. Entonces agradará toda tribulacion sufrida con paciencia, y toda maldad no despegará los labios. Entonces se holgarán todos los devotos, y se entristecerán todos los disolutos. Entonces se alegrará mas la carne afligida, que la que siempre vivió en deleites. Entonces resplandecerá el vestido despreciado, y parecerá vil el precioso. Entonces será mas alabada la pobre casilla, que el palacio adornado. Entonces ayudará mas la constante paciencia, que todo el poder del mundo. Entonces se-

rá mas ensalzada la simple obediencia que toda la sagacidad del siglo.

6 Entonces alegrará mas la pura y buena conciencia que la doctá filosofia. Entonces se estimará mas el desprecio de las riquezas, que el tesoro de todos los ricos de la tierra. Entonces te consolarás mas de haber orado con devocion, que de haber comido delicadamente. Entonces te gozarás mas de haber guardado el silencio, que de haber parlado mucho. Entonces te aprovecharán mas las obras santas, que las palabras floridas. Entonces agradará mas la vida estrecha, y la rigurosa penitencia, que todas las delicias terrenas. Aprende ahora á padecer en lo poco, porque despues seas libre de lo muy grave: primero prue-

ba aqui lo que podrás despues. Si ahora no puedes padecer levemente, ¿como podrás despues sufrir los tormentos eternos? Si ahora una pequeña penalidad te hace tan impaciente, ¿que hará entonces el infierno? De verdad no puedes tener dos gozos; deleitarte en este mundo, y despues reinar en el cielo con Cristo.

7 Si hasta ahora hubieses vivido en honras, y deleites, y te llegase la muerte, ¿que te aprovecharia? Pues todo es vanidad, sino amar y servir á Dios solo. Porque los que aman á Dios de todo corazon no temen la muerte, ni el tormento, ni el juicio, ni el infierno. El amor perfecto tiene segura entrada para Dios; mas quien se deleita en pecar no es maravilla que te-

ma la muerte y el juicio: bueno es que si el amor no nos desvía de lo malo, por lo menos el temor del infierno nos refrene; pero el que pospone el temor de Dios no puede durar mucho tiempo en el bien, sin caer muy presto en los lazos del demonio.

Capítulo XXV.

De la fervorosa enmienda de toda nuestra vida.

1 Vela con mucha diligencia en el servicio de Dios, y piensa de ordinario á qué veniste, y por qué dejaste al mundo. ¿Por ventura, no le despreciaste para vivir á Dios, y ser hombre espiritual? Corre pues con fervor á la perfeccion, que presto recibirás el galardon de tus trabajos, y no habrá de

ahí adelante temor, ni dolor en tu fin. Ahora trabajarás un poco, y hallarás despues gran descanso, y aun perpetua alegría. Si permaneces fiel, y diligente en el servir, sin duda será Dios fidelísimo, y riquísimo en pagar. Ten firme esperanza, que alcanzarás victoria; mas no conviene tener seguridad, porque no aflojes, ni te ensoberbezcas.

2 Como uno estuviese congojado, y entre la esperanza y el temor dudase muchas veces, cargado de tristeza se arrojó delante de un altar en la Iglesia para rezar; y revolviendo en su corazon varias cosas, dijo: ¡O si supiese que habia de perseverar! Y luego oyó en lo interior la divina respuesta: ¿que harias si eso supieses? Haz ahora lo que entonces, y estarás se-

guro; y en ese punto consolado, y confortado, se ofreció á la divina voluntad, y cesó su congojosa turbacion, y no quiso mas escudriñar curiosamente para saber lo que le habia de suceder; pero anduvo con mucho cuidado de saber lo que fuese la voluntad de Dios, y á sus divinos ojos mas agradable y perfecto para comenzar, y perficionar toda buena obra.

3 El Profeta dice: espera en el Señor, y haz bondad, y mora en la tierra, y serás apacentado en tus riquezas. Detiene á muchos del fervor de su aprovechamiento el espanto de la dificultad, ó el trabajo de la batalla. Ciertamente aquellos aprovechan mas en las virtudes, que mas varonilmente ponen todas sus fuerzas para vencer las que le

son mas graves, y contrarias; porque alli aprovecha uno mas, y alcanza mayor gracia, adonde mas se vence, y se mortifica el espíritu.

4 Pero no todos tienen igual ánimo para vencer y mortificarse. Mas el diligente y zeloso de su aprovechamiento mas fuerte será para la perfeccion, aunque tenga muchas pasiones, que el de buen natural, si pone cuidado en las virtudes. Dos cosas especialmente ayudan mucho á enmendarse; conviene á saber, desviarse con esfuerzo de aquello á que le inclina la naturaleza viciosamente, y trabajar con fervor por el bien que mas le falta. Estudia tambien en vencer, y evitar lo que de ordinario te desagrada en tus prójimos.

5 Mira que te aproveches

donde quiera: y si vieres, y oyeres buenos ejemplos, anímate á imitarlos. Mas si vieres alguna cosa digna de reprension, guárdate que no la hagas: y si alguna vez la hiciste, procura enmendarte luego. Asi como tu miras á los otros, asi los otros te miran á ti. ¡O cuan alegre y dulce cosa es ver los devotos y fervorosos hermanos con santas costumbres, y en observante disciplina! ¡Cuan triste y grave es verlos andar desordenados, y que no hacen aquello á que son llamados por su vocacion! ¡O cuan dañoso es ser negligente en el propósito de su llamamiento, y ocuparse en lo que no les mandan.

6 Acuérdate de la profesion que tomaste, y ponte delante de la imágen del Cruci-

fijo. Bien puedes avergonzarte mirando su vida sacratísima: porque aun no estudiaste á conformarte mas con él, aunque ha muchos años que estás en el camino del Señor Dios. El religioso que se ejercita tanto, y devotamente en la santísima vida y pasion del Señor, halla alli todo lo útil y necesario cumplidamente para sí: no hay necesidad que busque cosa mejor fuera de Jesucristo. ¡O si viniese á nuestro corazon Jesus crucificado, cuan presto, y cumplidamente seriamos enseñados!

7 El fervoroso religioso acepta todo lo que le mandan, y lo lleva muy bien. El negligente y perezoso tiene tribulacion sobre tribulacion, y de todas partes padece angustia; porque carece de la

consolacion interior, y no le dejan buscar la exterior. El religioso que vive fuera de la disciplina cerca es de caer gravemente. El que busca vivir mas ancho y descuidado siempre estará en angustias; porque lo uno ó lo otro le descontentará.

8 ¿Como lo practica tanta multitud de religiosos que están encerrados en la observancia del Monasterio? Salen pocas veces, viven apartados, comen pobremente, visten groserámente, trabajan mucho, hablan poco, velan largo tiempo, madrugan mucho, tienen continuas horas de oracion, leen á menudo, y guárdanse en toda disciplina. Mira cómo los de la Cartuja, y los del Císter, y los Monges, y Monjas de diversas Ordenes se levantan ca-

da noche á Maitines. ¿Y por eso seria cosa torpe que tú empezases en obra tan santa, donde tanta multitud de religiosos comienza á alabar á Dios?

9 ¿O si nunca hubiésemos de hacer otra cosa, sino alabar á nuestro Señor con todo el corazon, y con la boca! O si nunca tuvieses necesidad de comer y beber, ó dormir; mas siempre pudieses alabar á Dios, y solamente ocuparte en cosas espirituales: entonces serias mucho mas dichoso que ahora, cuando sirves á la necesidad de la carne. Pluguiese á Dios que no tuviesemos estas necesidades; mas solamente las reflexiones espirituales, las cuales gustamos bien raras veces.

10 Cuando el hombre

viene á tiempo que no busca su consolacion en alguna criatura, entónces le comienza á saber Dios perfectamente, y está contento tambien de todo lo que le sucede. Entónces ni se alegra en lo mucho ni se entristece por lo poco; mas pónese entera y fielmente en Dios, el cual le es todo en todas las cosas: al cual ninguna cosa perece ni muere; mas todas viven y le sirven sin tardanza.

11 Acuérdate siempre del fin, y que el tiempo perdido jamas torna á ser. Nunca alcanzarás las virtudes sin cuidado y diligencias. Si comienzas á ser tibio, comenzará á irte mal: mas si te dieres al fervor, hallarás gran paz, y sentirás el trabajo muy ligero por la gracia de Dios, y por el amor de la virtud.

E

De la Imitacion

El hombre que tiene fervor y diligencia, á todo está aparejado. Mayor trabajo es resistir á los vicios y pasiones, que sudar en los trabajos corporales. El que no evita los defectos pequeños, poco á poco cae en los grandes. Gozaráste siempre á la noche, si gastares bien el dia. Vela sobre ti, despiértate á ti, amonéstate á ti: sea de los otros lo que fuere, no te descuides de ti: tanto aprovecharás, cuanto mas fuerza te hicieres.

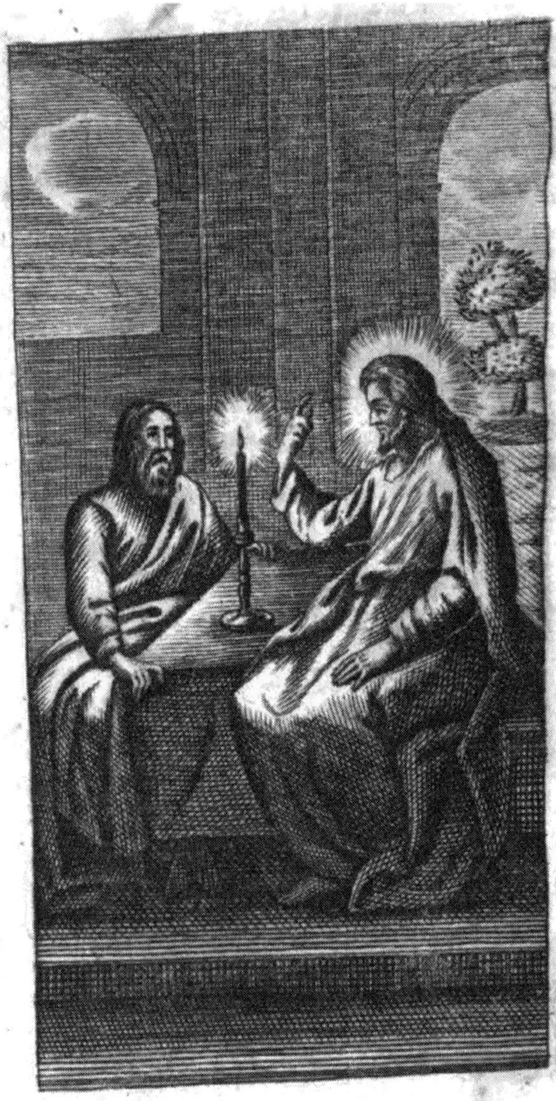

DE LA IMITACION DE CRISTO.

LIBRO SEGUNDO.

Avisos para el trato interior.

Capítulo Primero.

De la conversacion interior.

1. Dice el Señor: *El reino de Dios dentro de vosotros está.* Conviértete á Dios de todo tu corazon, y deja ese miserable mundo, y hallará tu ánima reposo. Aprende á menospreciar las cosas exteriores, y date á las interiores, y verás que se viene á ti el reino de Dios. Pues el reino de Dios es paz, y gozo en el Espíritu San-

to, lo cual no se da á los malos. Si aparejares digna morada por dentro de Jesucristo, vendrá á tí, y te mostrará su consolacion. Toda su gloria y hermosura es en lo interior; y allí se está aguardando. Su continua visitacion es con el hombre interior, y con él habla dulcemente y tiene agradable conversacion, mucha paz y admirable familiaridad.

2 Ea pues, ánima fiel, apareja tu corazon á este Esposo, para que quiera venirse á tí y morar contigo; porque él dice asi: si alguno me ama, guardará mi palabra, y vendremos á él, y moraremos en él. Pues asi es, da lugar á Cristo, y á todo lo demas cierra la puerta. Si á Cristo tuvieres, estarás rico y te bastará. El será tu proveedor

y fiel procurador en todo: de manera que no tendrás necesidad de esperar en los hombres; porque los hombres se mudan fácilmente, y desfallecen en breve; mas Jesucristo permanece para siempre, y está firme hasta el fin.

3 No hay que poner mucha confianza en el hombre quebradizo y mortal, aunque sea provechoso y bien querido. Ni se ha de tomar mucha pena, si alguna vez fuere contrario. Los que hoy son contigo, mañana te pueden contradecir: muchas veces se vuelven como el viento. Pon en Dios toda tu esperanza, y sea él tu temor y tu amor. El responderá por ti: y lo hará bien, como mejor sea y convenga. No tienes aquí ciudad de morada: donde quiera que fueres serás ex-

traño y peregrino, y no tendrás jamas reposo hasta que seas unido con Cristo entrañablemente.

4 ¿Que miras aqui, no siendo este lugar de tu descanso? En lo celestial ha de ser tu morada, y como de paso has de mirar todo lo terrestre. Todas las cosas pasan, y tú con ellas. Guarda no se te peguen, porque no seas preso, y perezcas. En lo soberano esté tu pensamiento; y tu oracion sin cesar sea enderezada á Cristo. Si no sabes contemplar las cosas altas y celestiales, descansa en su pasion, y mora muy de gana en sus sacratísimas llagas: porque si te llegas devotamente á las llagas, preciosas heridas de Jesucristo, gran consuelo sentirás en la tribulacion, y no harás mucho caso

de los desprecios de los hombres, y fácilmente sufrirás las palabras de los maldicientes.

5 Cristo fue tambien en el mundo despreciado de los hombres, y entre grandes afrentas desamparado de amigos y conocidos, y en suma necesidad. Cristo quiso padecer y ser despreciado, ¿y tú osas quejarte de alguna cosa? Cristo tuvo adversarios y murmuradores, ¿y tú quieres tener á todos por amigos y bienhechores? ¿De donde se coronará tu paciencia, si ninguna adversidad se te ofrece? Si no quieres sufrir algo, ¿como serás amigo de Cristo? Sufre con Cristo, y por Cristo, si quieres reinar con Cristo.

6 Si una vez entrases perfectamente en lo secreto de Jesucristo, y gustases un

poco de su encendido amor, entonces no tendrias cuidado de tu propio provecho, ó daño, antes te holgarias mas de las injurias que te hiciesen; porque el amor de Jesus hace al hombre despreciarse á sí mismo. El amor de Jesus, de la verdad, y el hombre verdaderamente interior, y libre de las aficiones desordenadas, se puede volver fácilmente á Dios, y levantarse á sí sobre sí en el espíritu, y gozarse en él con suavidad.

7 Aquel á quien saben todas las cosas como son, no como se dicen ó estiman, es verdaderamente sabio, y enseñado mas de Dios, que de los hombres. El que sabe andar dentro de sí, y tener en poco las cosas exteriores, no busca lugares, ni espera tiempos para darse á ejercicios

devotos. El hombre interior presto se recoge; porque nunca se derrama del todo á las cosas exteriores, no le estorva el trabajo exterior ni la ocupacion tomada á tiempos de necesidad: mas como suceden las cosas, se conforma con ellas. El que está por dentro bien dispuesto y ordenado, no cuida de lo que perversamente obran los mundanos. Tanto se estorva uno y se distrae, cuanto atrae á sí las cosas de afuera.

8 Si fueses bueno y puro de pasiones, todo te sucederá bien y con provecho. Por eso te descontentan muchas cosas á cada paso y te turban, porque aun no estás muerto á ti perfectamente, ni apartado del todo de lo terrestre. No hay cosa que tanto mancille y embarace el corazon

del hombre, cuanto el amor desordenado de las criaturas. Si desprecias las consolaciones de fuera, podrás contemplar las cosas celestiales, y muchas veces gozarte dentro de ti.

Capítulo II.

De la humilde sujecion.

1 No tengas en mucho á quien es por ti ó contra ti: mas ten cuidado que sea Dios contigo en todo lo que haces. Ten buena conciencia, y Dios te defenderá. Al que Dios quiere ayudar, no le podrá dañar la malicia de alguno. Si tú sabes callar y sufrir, sin duda verás el favor de Dios: él sabe el tiempo y el modo de librarte; y por eso te debes ofrecer á él. A Dios pertenece ayudar y librar de toda confusion. Al-

gunas veces conviene mucho para guardar mayor humildad, que otros sepan nuestros defectos, y los reprendan.

2 Cuando un hombre se humilla por sus defectos entonces fácilmente aplaca y mitiga á los otros, y sin dificultad satisface á los que estan enojados con él. Dios defiende y libra al humilde, y al humilde ama y consuela, al humilde se inclina, y al humilde da gracia, y despues de su abatimiento le levanta á gran honra. Al humilde descubre sus secretos, y le trae dulcemente á sí y le convida. El humilde, recibida la afrenta, está en paz; porque está en Dios, y no en el mundo. No pienses haber aprovechado algo si no te estimas por el mas bajo de todos.

Capítulo III.

Del hombre bueno y pacífico.

1 Ponte primero á ti en paz, y despues podrás apaciguar á los otros. El hombre pacífico aprovecha mas que el muy letrado. El hombre apasionado aun el bien convierte en mal, y de ligero cree lo malo. El hombre bueno y pacífico todas las cosas echa á la mejor parte. El que está en buena paz de ninguno tiene sospecha. El descontento y alterado con diversas sospechas se atormenta; ni él se sosiega, ni deja descansar á los otros. Dice muchas veces lo que no deberia, y deja de hacer lo que mas le conviene: piensa lo que otros deben hacer, y

deja él sus obligaciones. Ten pues primero zelo contigo, y despues podrás tener buen zelo con el prójimo.

2. Tú sabes excusar y disimular muy bien tus faltas, y no quieres oir las disculpas agenas; mas justo seria que te acusases á tí, y excusases á tu hermano. Sufre si quieres que te sufran. Mira qué lejos estan aun de la verdadera caridad y humanidad, que no sabe desdeñar y airarse, sino contra sí. No es mucho conversar con los buenos y mansos, que esto á todos da gusto naturalmente, y cada uno de buena gana tiene paz, y ama á los que concuerdan con él; mas poder vivir en paz con los duros y perversos y mal acondicionados, y con quien nos contradice, gran gracia es, y hecho varonil, y loable.

3 Hay algunos que tienen paz consigo, y con otros tambien. Otros hay que ni tienen paz consigo, ni la dejan tener á otros; cargosos para otros, y mas pesados para sí. Y hay otros que tienen paz consigo, y estudian poner en paz á los otros. Pues toda nuestra paz en esta miserable vida está puesta mas en el sufrimiento humilde, que en no sentir contrariedades. El que sabe mejor padecer, tendrá mayor paz. Este tal es vencedor de sí mismo, y señor del mundo, amigo de Cristo, y heredero del cielo.

Capítulo IV.

Del puro corazon, y sencilla intencion.

1 Con dos alas se levanta el hombre de las cosas terrestres, que son simplicidad y pureza. La simplicidad ha de estar en la intencion, y la pureza en la aficion: la simplicidad pone la intencion en Dios: la pureza le abraza y gusta. Ninguna buena obra te impedirá si de dentro estuvieres libre de todo desordenado deseo. Si no piensas, ni buscas sino el beneplácito divino, y el provecho del prójimo, gozarás de una interior libertad. Si fuese tu corazon recto, entonces te seria toda criatura espejo de vida, y libro de santa doc-

trina. No hay criatura tan baja ni pequeña, que no represente la bondad de Dios.

2 Si tú fueses bueno y puro en lo interior, luego verias y entenderias bien todas las cosas sin impedimento. El corazon puro penetra al cielo y al infierno. Cual es cada uno en lo interior, tal juzga lo de fuera. Si hay gozo en el mundo, el hombre de puro corazon lo posee. Y si en algun lugar hay tribulacion y congojas, la mala conciencia lo siente mejor. Asi como el hierro metido en el fuego pierde el hollin, y se pone todo resplandeciente: asi el hombre que enteramente se convierte á Dios, es despojado de torpeza, y se muda en nuevo hombre.

3 Cuando el hombre comienza á enfriarse, entonces

teme el trabajo, aunque pequeño, y toma de gana la consolacion exterior, mas cuando se comienza perfectamente á vencer y andar alentadamente en la carrera de Dios, tiene por ligeras las cosas que primero tenia por graves.

Capítulo V.

De la propia consideracion.

1 No debemos confiar de nosotros grandes cosas, porque muchas veces nos falta la gracia y la discrecion. Poca luz hay en nosotros, y presto la perdemos por nuestra negligencia: y muchas veces no sentimos cuán ciegos estamos en el alma. Muchas veces tambien hacemos mal, y lo excusamos peor. Y á veces nos mueve

pasion, y pensamos que es zelo. Reprendemos en los otros las cosas pequeñas, y tragamos las graves si son nuestras. Muy presto sentimos, y agravamos lo que de otro sufrimos; mas no miramos cuánto enojamos á los otros. El que bien y rectamente ponderare sus obras no tendrá que juzgar gravemente las agenas.

2 El hombre recogido antepone el cuidado de sí mismo á todos los cuidados: y el que tiene verdadero cuidado de sí poco habla de otros. Nunca estarás recogido y devoto si no callares las cosas agenas, y especialmente mirares á ti mismo. Si del todo te culpares en Dios y en ti, poco te moverá lo que sientes de fuera. ¿Adonde estás cuando estás contigo? Despues de

haber discurrido por todas las cosas, ¿que has ganado si de ti te olvidaste? Si has de tener paz y union verdadera, conviene que á todo el mundo pospongas, y tengas á ti solo delante de tus ojos.

3. Mucho aprovecharás si te guardas libre de todo cuidado temporal: y muy menguado serás si alguna cosa temporal estimares en mucho. No te parezca cosa alguna alta ni grande., ni acepta ni agradable, sino Dios, ó cosa que sea puramente por Dios. Ten por cosa vana cualquier consolacion que te viniere de alguna criatura. El ánima que ama á Dios desprecia todas las cosas sin él. Solo Dios eterno es inmenso que todo lo hinche: es gozo del ánima, y alegría verdadera del corazon.

Capítulo VI.

De la alegría de la buena conciencia.

1 La gloria del hombre bueno es el testimonio de la buena conciencia. Ten buena conciencia, y siempre tendrás alegría. La buena conciencia muchas cosas puede sufrir, y muy alegre está en las adversidades. La mala conciencia siempre está con inquietud y temor. Suavemente descansarás si tu corazon no te reprende. No te alegres sino cuando hicieres algun bien. Los malos nunca tienen alegría verdadera, ni sienten paz interior; porque dice el Señor: no tienen paz los malos; y si dijeren: en paz estamos, no vendrá mal sobre nosotros:

¿quien se atreverá á ofendernos? No los creas; porque de repente se levantará la ira de Dios, y pararán en nada sus obras, y perecerán sus pensamientos.

2 Gloriarse en la tribulacion no es dificultoso al que ama; porque gloriarse de esta suerte es gloriarse en la Cruz del Señor. Breve es la gloria del que se da, y recibe de los hombres. La gloria del mundo siempre va acompañada de tristeza: la gloria de los buenos está en sus conciencias, y no en la boca de los hombres. La alegría de los justos es de Dios: y en Dios, y su gozo es la verdad. El que desea la verdadera y eterna gloria no hace caso de la temporal: y el que busca la temporal, ó no la desprecia de corazon, señal es que no

ama del todo la celestial. Gran quietud de corazon tiene el que no se le da nada de las alabanzas ni de las afrentas.

3 La conciencia limpia fácilmente se sosiega, y está contenta. No eres mas santo porque te alaben, ni mas vil porque te desprecien. Lo que eres, eso eres, ni puedes tener nombre mayor de lo que Dios sabe que eres. Si miras lo que eres dentro de ti, no tendrás cuidado de lo que de ti hablan los hombres. El hombre ve lo de afuera, mas Dios el corazon. El hombre considera las obras, y Dios pesa las intenciones. Hacer siempre bien, y tenerse en poco, señal es de una alma humilde. No querer consolacion de criatura alguna, señal es de gran pureza, y de cordial confianza.

4 El que no busca de los hombres prueba de su bondad, claramente muestra que se entrega del todo á Dios; porque dice San Pablo; no el que se loa á sí mismo es aprobado, mas el que Dios alaba. Andar en lo interior con Dios, y no embarazarse de fuera alguna aficion, estado es de varon espiritual.

Capítulo VII.

Del amor de Jesus sobre todas las cosas.

1 Bienaventurado el que conoce qué es amar á Jesus, y despreciar á sí mismo por Jesus. Conviene dejar un amor por otro; porque Jesus quiere ser amado sobre todas las cosas. El amor de la criatura es engañoso y mudable. El amor de Jesus es

fiel, y permanente. El que se llega á la criatura caerá con lo caedizo; el que abraza á Jesus perseverará firme en él. A aquel ama y ten por amigo, que aunque todos te desamparen, no te desamparará, ni te dejará perecer en el fin. De todos has de ser desamparado alguna vez, ora quieras, ó no.

2 Sigue el partido de Jesus con toda constancia, viviendo y muriendo, y entrégate á él muy seguro de su fidelidad; pues solo te puede ayudar cuando todos te faltaren. Tu amado es de tal condicion que no quiere consigo admitir á otro: mas él solo quiere tener tu corazon, y como Rey sentarse en su propia silla. Si tú supieses bien desocuparte de toda criatura, Jesus morará de buena gana contigo. Cuanto pusie-

res en los hombres, fuera de Jesus, lo tendrás perdido. No confies ni estrives sobre la cuña hueca, porque toda carne es heno, y toda su gloria caerá, como su flor.

3 Si mirares solamente la apariencia de los hombres, presto estarás engañado. Porque si tú buscas tu descanso, y ganancia en otras muchas veces, sentirás daño: si en todo buscas á Jesus le hallarás de verdad: mas si te buscas á ti mismo, tambien te hallarás; pero para tu mal. Pues mas se daña el hombre á sí mismo, si no busca á Jesus, que todo el mundo y todos sus enemigos le pueden dañar.

Capítulo VIII.

De la familiar amistad de Jesus.

1 Cuando Jesus está presente, todo es bueno, y no parece cosa dificil: mas cuando Jesus está ausente, todo es duro. Cuando Jesus no habla dentro del alma, muy vil es la consolacion: mas si Jesus habla una sola palabra, gran consolacion se siente. ¿Por ventura, no se levantó luego María Magdalena del lugar donde lloró cuando le dijo Marta: el Maestro está aqui, y te llama? ¡O bienaventurada hora, cuando el Señor Jesus llama de las lágrimas al gozo del espíritu! ¡Cuan seco y duro eres sin Jesus! ¡Cuan necio y vano si codicias algo

fuera de Jesus! Dime, ¿no es este peor daño que si perdiese todo el mundo?

2 ¿Que puede dar el mundo sin Jesus? Estar sin Jesus es grave infierno: estar con Jesus es dulce paraiso. Si Jesus estuviere contigo, ningun enemigo te podrá tentar. El que halla á Jesus halla un tesoro bueno, y de verdad bueno sobre todo bien. Y el que pierde á Jesus pierde mucho, y mas que todo el mundo. Pobrísimo es el que vive sin Jesus; y riquísimo el que está bien con Jesus.

3 Muy grande arte es saber conversar con Jesus, y gran prudencia saber tener á Jesus. Sé humilde y pacífico, y será contigo Jesus. Presto puedes echar de ti á Jesus y perder su gracia, si te abates á las cosas exteriores. Si des-

tierras de ti á Jesus, y le pierdes, ¿á donde irás? ¿A quien buscarás por amigo? Sin amigo no puedes vivir: y si no fuere Jesus tu especialísimo amigo, estarás muy triste y desconsolado. Pues neciamente haces, si en otro alguno confias y te alegras. Mas se debe escoger tener todo el mundo contrario, que tener ofendido á Jesus. Pues sobre todos tus amigos sea Jesus amado singularísimamente.

4 Ama á todos por amor de Jesus, y á Jesus por sí mismo. Solo Jesucristo se debe amar singularísimamente, porque él solo se halla bueno, y fidelísimo mas que todos los amigos. Por él y en él debes amar los amigos y enemigos, y rogarle por todos, para que le conozcan y le amen. Nunca desees ser ala-

bado, ni amado singularmente; porque eso á solo Dios pertenece que no tiene igual: ni quieras que alguno se ocupe contigo en su corazon, ni tú te ocupes en amor de alguno: mas sea Jesus en ti y en todo hombre bueno.

5 Sé puro, y libre en lo interior, sin ocupacion de criatura alguna; porque te conviene tener para con Dios un corazon puro y desnudo, si quieres descansar, y ver cuán suave es el Señor. Y verdaderamente no llegarás á esto si no fueres prevenido, y traido de su gracia; para que dejadas y echadas de ti todas las cosas, seas unido solo con él solo. Pues cuando viene la gracia de Dios al hombre, entonces se hace poderoso para todo: y cuando se va queda pobre y en-

fermo, y como desnudo, y aparejado para los azotes. En estas cosas no debes desmayar ni desesperar, sino estar constante en la voluntad de Dios, y sufrir con igual ánimo todo lo que viniere para la gloria de Jesucristo; porque despues del invierno viene el verano, y despues de la noche vuelve el dia, y pasada la tempestad llega la bonanza.

Capítulo IX.

Cómo conviene carecer de toda consolacion humana.

1 No es grave cosa despreciar la consolacion humana cuando tenemos la divina. Gran cosa es y muy grande ser privado, y carecer de consuelo divino y humano, y querer sufrir de buena gana destierro de cora-

zon por la honra de Dios, y en ninguna cosa buscar á sí mismo ni atender á su propio conocimiento. ¡Que gran cosa es, si estás alegre, y devoto cuando viene sobre ti la gracia de Dios! Esta hora todos la desean. Muy suavemente camina aquel á quien lleva la gracia de Dios. ¿Y que maravilla si no siente carga el que es llevado del Omnipotente, y guiado por el Soberano?

2. De buena gana tomamos algun pasatiempo, y con dificultad se desnuda un hombre de sí mismo. El mártir San Laurencio venció al mundo con su Sacerdote San Sixto; porque despreció todo lo que en el mundo parecia deleitable, y sufrió con paciencia por amor de Cristo, que le fuese quitado el Sumo Sa-

cerdote de Dios, á quien él amaba mucho. Pues asi con el amor de Dios venció el amor del hombre, y trocó el contento humano por el beneplácito divino. Asi tú aprende á dejar algun pariente, ó amigo por amor de Dios, y no te parezca cosa grave cuando te dejare tu amigo, sabiendo que es necesario que nos apartemos al fin unos de otros.

3 De continuo, y mucho conviene que pelee el hombre consigo mismo antes que sepa vencer del todo á sí, y poner en Dios cumplidamente todo su deseo. Cuando el hombre se está en sí mismo, de ligero se desliza en las consolaciones humanas; mas el verdadero amador de Cristo, y cuidadoso imitador de sus virtudes no se arroja á

las consolaciones, ni busca dulzuras sensibles; antes procura ejercicios fuertes, y sufre por Cristo duros trabajos.

4 Asi pues cuando Dios te diere la consolacion espiritual, recíbela con hacimiento de gracias, y entiende que es don de Dios, y no tu merecimiento. No te levantes á mayores, ni te alegres demasiado, ni presumas vanamente; pero humíllate por el don recibido, y sé mas avisado y temeroso en todas tus obras; porque se pasará aquella hora, y vendrá la tentacion. Cuando te fuere quitado el consuelo, no desesperes luego: mas espera con humildad y paciencia la visitacion celestial; porque Dios es poderoso para volver á darte mucha mayor consolacion. Esto no es cosa nueva, ni age-

na de los que han experimentado el camino de Dios, porque en los grandes Santos, y antiguos Profetas acaeció muchas veces este modo de mudanza.

5 Por eso decia uno cuando tenia presente la gracia: yo dije en mi abundancia no seré movido ya para siempre. Y ausente la gracia, añade lo que experimentó en sí, diciendo: apartas de mí tu rostro, y fui hecho conturbado. Mas entre estas cosas no desespera, sino con mayor instancia ruega á Dios, y dice: á ti, Señor, llamaré, y á mi Dios rogaré; y al fin alcanzó el fruto de su oracion: y confirma ser oido, diciendo: oyóme el Señor, y hubo misericordia de mí: el Señor es hecho mi ayudador. ¿Mas en que? dice. Volviste

mi llanto en gozo, y rodeaste de alegría. Y si asi se hizo con los grandes Santos, no debemos nosotros, enfermos y pobres, desesperar, si algunas veces estamos en fervor de devocion, y á veces frios, porque el espíritu se viene y se va, segun la divina voluntad. Por eso dice el bienaventurado Job: visitaste en la mañana, y súbitamente le pruebas.

6 ¿Pues sobre qué puedo esperar, ó en quien debo confiar, sino solamente en la gran misericordia de Dios, y en la esperanza de la gracia celestial? Pues aunque esté cercado de hombres buenos, ó de hermanos devotos, ó de amigos fieles, ó de libros santos, ó de tratados excelentes, y cantos suaves, y dulces himnos; todo aprovecha poco, y

tiene poco sabor cuando estoy desamparado de la gracia, y dejado de mi propia pobreza: entonces no hay mejor remedio que la paciencia; y negándome á mí mismo resignarme á la voluntad de Dios.

7 Nunca hallé hombre tan religioso y devoto, que alguna vez no tuviese intermision del consuelo divino, y sintiese diminucion del fervor. Ningun Santo fue tan altamente arrebatado y alumbrado, que antes ó despues no haya sido probado con tentaciones. Pues no es digno de la sublime contemplacion de Dios el que no fue ejercitado en alguna tribulacion; porque suele ser la tentacion precedente señal que vendrá el consuelo; que á los bien probados en la tentacion es

prometido el gozo celestial. Al que venciere (dice el Señor) daré á comer del árbol de la vida.

8 Dase tambien la consolacion divina para que el hombre sea mas fuerte para sufrir las adversidades. Y tambien le sigue la tentacion, porque no se ensoberbezca del bien. El demonio no duerme, ni la carne está aun muerta: por esto no ceses de aparejarte para la batalla: á la diestra, y á la siniestra estan los enemigos que nunca descansan.

Capítulo X.

Del agradecimiento por la gracia de Dios.

1 ¿Para que buscas descanso, pues naciste para el

trabajo? Disponte para la paciencia mas que para esperar consolacion: á llevar cruz, mas que á tener alegría. ¿Que hombre del mundo no tomara de buena gana el consuelo y alegría espiritual, si siempre la pudiese tener? Porque las consolaciones espirituales exceden á todos los placeres del mundo, y á los deleites de la carne. Porque todos los deleites del mundo ó son torpes, ó vanos: mas los deleites espirituales solo son alegres y honestos, engendrados de las virtudes é infundidos de Dios en los corazones limpios. Mas no puede ninguno usar continuamente de estas consolaciones divinas, como quiere, porque el tiempo de la tentacion pocas veces cesa.

2 Muy contraria es á la

soberana visitacion la falsa libertad del ánima, y la confianza de sí. Bien hace Dios dando la gracia de la consolacion; pero el hombre hace mal no atribuyéndolo todo á Dios, haciéndole gracias. Y por esto no son mayores en nosotros los dones de la gracia, porque somos ingratos al Hacedor, y no lo atribuimos todo á la fuente original; porque siempre se debe gracia al que dignamente es agradecido, y se quita al soberbio lo que se suele dar al humilde.

3 No quiero consejo que me quite la compuncion, ni contemplar lo que me ocasione soberbia pues no es santo todo lo alto, ni todo lo dulce bueno, ni todo deseo puro, ni todo lo que amamos agradable á Dios. De grado admito yo la gracia que me haga

mas humilde y temeroso, y me disponga mas á renunciarme á mí. El enseñado con el don de la gracia, y avisado con el escarmiento de haberla perdido, no osará atribuirse á sí bien alguno; antes confesará ser pobre y desnudo. Da á Dios lo que es de Dios, y atribuye á ti lo que es tuyo: esto es, da gracias á Dios por la gracia, y solo á ti te atribuye la culpa, y conoce que por la culpa te es debida justamente la pena.

4 Ponte siempre en lo mas bajo, y te darán lo alto; porque no está lo muy alto sin lo mas bajo. Los Santos que son grandes para con Dios, para consigo son pequeños; y cuanto mas gloriosos, tanto en sí mas humildes. Los llenos de verdad, y de gloria celestial no son codi-

ciosos de gloria vana. Los que estan fundados y confirmados en Dios, en ninguna manera pueden ser soberbios. Y los que atribuyen á Dios todo cuanto bien reciben no buscan ser alabados unos de otros; mas quieren la gloria que Dios solo tiene, y desean que sea Dios glorificado sobre todos en sí mismo, y en todos los Santos, y siempre tienen esto por fin.

5 Sé pues agradecido en lo poco, y serás digno de recibir cosas mayores. Ten en mucho lo poco, y lo mas despreciado por singular don. Si miras á la dignidad del dador, ningun don te parecerá pequeño ó vil: por cierto no es poco lo que el Soberano Dios da. Y aunque da penas y azotes, se lo debemos agradecer, que siempre es para

nuestra salvacion todo lo que permite que nos venga. El que desea conservar la gracia de Dios, agradézcale la gracia que le ha dado, y sufra con paciencia cuando le fuere quitada. Haga oracion continua para que sea restituida, y sea cauto, y humilde, porque no la pierda.

Capítulo XI.

Cuán pocos son los que aman la Cruz de Cristo.

1 Jesucristo tiene ahora muchos amadores de su reino celestial; mas muy pocos que lleven su Cruz. Tiene muchos que desean el consuelo, y muy pocos que quieran la tribulacion. Muchos compañeros halla para la mesa, y pocos para la abstinencia. Todos quie-

ren gozarse con él; mas pocos quieren sufrir algo por él. Muchos siguen á Jesus hasta partir del Pan; mas pocos hasta beber el cáliz de la Pasion. Muchos honran sus milagros; pero pocos siguen el oprobio de la Cruz. Muchos aman á Jesus cuando no hay adversidades. Muchos le alaban y bendicen en el tiempo que reciben de él algunas consolaciones; mas si Jesus se escondiese, y los dejase un poco, luego se quejarian y desesperarian.

2 Pero los que aman á Jesus por el mismo Jesus, y no por algun propio consuelo suyo, bendícenle en toda pena y angustia del corazon, tambien como en el alivio. Y aunque nunca mas les quisiese dar consuelo, siempre le alabarian y darian gracias.

3 ¡O cuanto puede el amor puro de Jesus sin mezcla del propio amor! Bien se pueden llamar propiamente mercenarios los que siempre buscan consolaciones. No se amen á sí mismos mas que á Cristo, los que continuamente piensan en su provecho y ganancias. ¿Donde se hallará alguno que quiera servir á Dios de valde?

4 Pocas veces se halla alguno tan espiritual que esté desnudo de todas las cosas. ¿Pues quien hallará el verdadero pobre de espíritu, y desnudo de toda criatura? De muy lejos, y muy precioso es su valor. Si el hombre diere su hacienda toda, aun no es nada: si hiciere gran penitencia, es poco. Aunque tenga toda la hacienda, aun está lejos: y si tuviere gran vir-

tud y muy fervorosa devocion, aun le falta mucho: esto es una cosa que ha menester mucho. Que dejadas todas las cosas, se deje á sí mismo, y salga de sí del todo, y que no le quede nada de amor propio. Y cuando conociere que ha hecho todo lo que debe hacer, aun piense que no ha hecho nada.

5 No tenga en mucho que le pueden tener por grande: mas llámese en la verdad, siervo sin provecho, en que dirá la verdad. Cuando hubiereis hecho todo lo que os está mandado, aun decid: siervos somos sin provecho. Y asi podrá ser pobre y desnudo de espíritu, y decir con el Profeta: uno solo, y pobre soy. Ninguno con todo eso hay mas rico: ninguno mas poderoso: ninguno mas

libre que aquel que sabe dejarse á sí y todas las cosas, y ponerse en el mas bajo lugar.

Capítulo XII.

Del camino real de la Santa Cruz.

1 Esta palabra parece dura á muchos: niégate á ti mismo, toma tu cruz, y sigue á Jesus. Pues mas duro será oir aquella postrera palabra: apartaos de mí, malditos, al fuego eterno. Pero los que ahora oyen, y siguen de buena voluntad la palabra de la Cruz, no temerán entonces oir la palabra de la eterna condenacion. Esta señal de la Cruz estará en el cielo cuando el Señor vendrá á juzgar. Entonces todos los siervos de la Cruz que se conformaron en la vida con

el Crucificado se llegarán á Cristo Juez con gran confianza.

2 Pues que asi es, ¿por que temes tomar la Cruz por la cual se va al reino? En la Cruz está la salud: en la Cruz está la vida: en la Cruz está la defensa de los enemigos: en la Cruz está la infusion de la suavidad soberana: en la Cruz está la fortaleza del corazon: en la Cruz está el gozo del espíritu: en la Cruz está la suma virtud: en la Cruz está la perfeccion de la santidad. No está la salud del ánima, ni la esperanza de la vida eterna sino en la Cruz; y sigue á Jesus, é irás á la vida eterna: él vino primero, y llevó su Cruz, y murió en la Cruz por ti, porque tú tambien la lleves, y desees morir en ella; porque si murieres

juntamente con él, y si fueres compañero de las penas: seráslo tambien de las glorias.

3 Mira que todo consiste en la Cruz, y todo está en morir, y no hay otro camino para la vida y para la verdadera paz sino el de la Santa Cruz, y continua mortificacion. Vé donde quisieres, busca lo que quisieres, y no hallarás mas alto camino en lo eminente, ni mas seguro en lo abatido, sino en la senda de la Santa Cruz. Dispon y ordena todas las cosas segun tu querer y parecer, y no hallarás, sino que has de padecer algo, ó de grado ó por fuerza: y alli siempre hallarás la Cruz. Pues, ó sentirás dolor en el cuerpo, ó padecerás tribulacion en el espíritu.

4 Unas veces te dejará

Dios, y otras te perseguirá el prójimo: y lo que peor es, muchas veces te descontentarás de ti mismo, y no serás olvidado, ni confortado con ningun remedio ni consuelo; mas conviene que sufras hasta cuando quisiere Dios. Porque quiere Dios que aprendas á sufrir la tribulacion sin consuelo, y que te sujetes del todo á él, y te hagas mas humilde con la afliccion. Ninguno siente tan de corazon la Pasion de Cristo, como aquel á quien acaece sufrir cosas semejantes. De modo, que la Cruz siempre está aparejada, y te espera en cualquier lugar. No puedes huir donde quiera que estuvieres; porque á cualquier parte que huyas, llevas á ti mismo contigo, y siempre hallarás á ti mismo. Vuelve arriba, vuélvete abajo, vuélvete fuera, vuélvete dentro, y en todo esto hallarás Cruz; y es necesario que en todo lugar tengas paciencia si quieres tener paz interior, y merecer perpetua corona.

5 Si de buena voluntad llevas la Cruz, ella te llevará y guiará al fin deseado, adonde será el fin de padecer, aunque aquí no lo sea. Si contra tu voluntad la llevas, la hiciste mas pesada: y todavía conviene que la sufras. Si desechas una Cruz, sin duda hallarás otra, y puede ser mas grave.

6 ¿Piensas tú escapar de lo que ninguno de los mortales pudo? ¿Quién de los Santos fue en el mundo sin Cruz, y tribulacion? Nuestro Señor Jesucristo, por cierto, en cuanto vivió en este mundo, no estuvo una hora sin dolor,

porque convenia que Cristo padeciese, y resucitase de los muertos, y asi entrase en la gloria. ¿Pues como buscas tú otra senda sino este camino real, que es la santa Cruz?

7. Toda la vida de Cristo fue cruz y martirio; ¿y tú buscas para ti holgura y gozo? Yerras, yerras si buscas otras cosas que sufrir tribulaciones; porque toda esta vida mortal está llena de miserias, y en todas partes está señalada de cruces; y cuanto mas altamente alguno aprovechare en espíritu, tanto mas graves cruces hallará muchas veces, porque la pena de su destierro crece mas por el amor.

8. Mas este tal asi afligido de tantos modos no está sin alivio de la consolacion; porque siente el gran fruto

que le crece, por llevar su Cruz; porque cuando se sujeta á ella de su voluntad, toda la carga de la tribulacion se convierte en confianza del consuelo divino. Y cuanto mas se quebranta la carne por la afliccion, tanto mas se esfuerza el espíritu por la gracia interior; y algunas veces tanto es confortado del afecto de la tribulacion y adversidad por el amor y conformidad de la Cruz de Cristo, que no quiere estar sin dolor y penalidad, porque se tiene por mas acepto á Dios cuanto mayores y mas graves cosas pudiere sufrir por él. Esto no es virtud humana, sino gracia de Cristo que tanto puede, y hace en la carne flaca que lo que naturalmente siempre aborrece y huye, le acometa, y acabe con fervor de espíritu.

9 No es segun la inclinacion humana llevar la Cruz: castigar el cuerpo, y ponerle en servidumbre: huir las honras: sufrir de grado las injurias: despreciarse á sí mismo, y desear ser despreciado: tolerar todo lo adverso con daño, y no desear cosa de prosperidad en este mundo. Si miras á ti, no podrás por ti cosa alguna de estas; mas si confias en Dios, él te dará fortaleza del cielo, y hará que te obedezca el mundo, y la carne, y no temerás al demonio si estuvieres armado de fe, y señalado con la Cruz de Cristo.

10 Disponte pues como bueno y fiel siervo suyo, para llevar varonilmente la Cruz de tu Señor, por amor de ti crucificado: apareja-

te á sufrir muchas adversidades, y diversas incomodidades en esta miserable vida; porque asi estará contigo donde quiera que fueres: y de verdad que hallarás á Jesus en cualquier parte que te escondas. Asi conviene, y no hay otro remedio para escapar de la tribulacion de los males y del dolor, sino sufrir. Bebe con afecto el Cáliz del Señor si quieres ser su amigo, y tener parte con él. Remite á Dios las consolaciones, y haga él con ellas lo que mas le pluguiere. Pero tú disponte á sufrir las tribulaciones, estimarlas por grandes consuelos: porque no son condignas las pasiones de este tiempo para merecer la gloria venidera, aunque tú solo pudieses sufrirlas todas.

11 Cuando llegares á es-

to que la afliccion te sea dulce y gustosa por amor de Cristo, piensa entonces que te va bien; porque ahí hallaste paraiso en la tierra. Cuando te parece grave el parecer, y procuras huirlo, cree que te va mal, y donde quiera que fueres te seguirá el rostro de la tribulacion.

12 Si te dispones para hacer lo que debes; conviene á saber, sufrir y morir, luego te irá mejor, y hallarás paz. Y aunque fueres arrebatado hasta el tercer cielo con San Pablo, no estarás por eso seguro de no sufrir alguna contrariedad. Yo (dice Jesus) le mostraré cuantas cosas le convendrá padecer por mi nombre. Pues luego el padecer te queda si quieres amar á Jesus y servirle siempre.

13 ¡Pluguiese á Dios que

fueses digno de padecer algo por el nombre de Jesus, cuán grande gloria se te daria! ¡Cuanta alegría causarias á todos los Santos de Dios! ¡Cuanta edificacion seria para el prójimo! Pues todos alaban la paciencia, aunque pocos quieren padecer. Con razon debias sufrir algo de buena gana por Cristo, pues hay muchos que sufren mas graves cosas por el mundo.

14 Ten por cierto que te conviene morir viviendo: y cuanto mas muere cada uno á sí mismo, tanto mas comienza á vivir á Dios. Ninguno es suficiente para comprender cosas celestiales si no se baja á sufrir adversidades por Cristo. No hay cosa á Dios mas acepta, ni para ti en este mundo mas saludable que padecer de voluntad por Cris-

to. Y si te diesen á escoger, mas debias desear padecer cosas adversas por Cristo que ser recreado de muchas consolaciones; porque en esto le serias mas semejante y mas conforme á todos los Santos: pues no está nuestro merecimiento ni la perfeccion de nuestro estado en muchas suavidades y consuelos, sino en sufrir grandes penalidades y tribulaciones.

15 Porque si alguna cosa fuere mejor y mas útil para la salvacion de los hombres que sufrir adversidades, Cristo lo hubiera declarado por palabra y ejemplo, pues manifiestamente exhorta á sus Discípulos, y á todos los que desean seguirle que lleven la Cruz, y dice: si alguno quisiere venir en pos de mí, nie-

guese á sí mismo, y tome su Cruz, y sígame. Asi que leidas, y bien consideradas todas las cosas, sea esta la postrera conclusion: que por muchas tribulaciones nos conviene entrar en el reino de Dios.

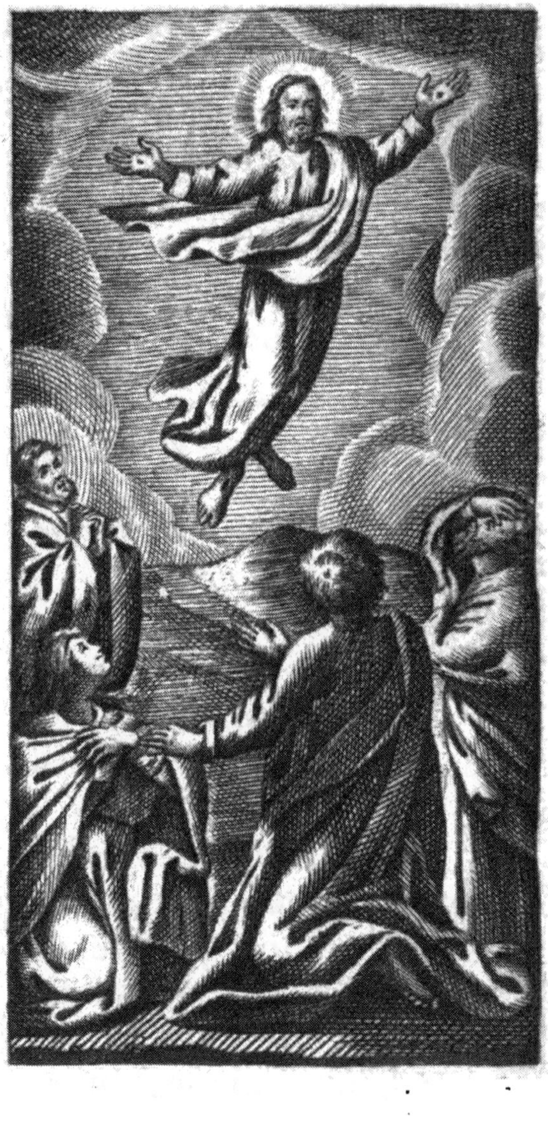

DE LA IMITACION DE CRISTO.

LIBRO TERCERO.

TRATADO DE LA CONSOLACION INTERIOR.

Capítulo Primero.

De la habla interior de Cristo al ánima fiel.

1 Oiré lo que hablará el Señor Dios en mí. Bienaventurada el ánima que oye al Señor que habla en ella, y de su boca recibe palabra de consolacion. Bienaventurados los oidos que perciben lo sutil de las inspiraciones divinas, y no cuidan de las murmuraciones mun-

danas. Bienaventurados los oidos que no escuchan la voz que oyen de fuera, sino la verdad que habla y enseña dentro. Bienaventurados los ojos que estan cerrados á las cosas exteriores, y muy atentos á las interiores. Bienaventurados los que penetran las cosas interiores, y estudian con ejercicios continuos de aparejarse cada dia mas y mas á recibir los secretos celestiales. Bienaventurados los que se alegran de entregarse á Dios, y se desembarazan de todo impedimento del mundo. ¡O ánima mia! mira muy bien esto, y cierra bien las puertas de tu sensualidad, porque puedas oir lo que el Señor Dios tuyo habla en ti.

2 Esto dice tu amado: Yo soy tu salud, tu paz y tu vida: consérvate en mí, y ha-

llarás paz. Deja todas las cosas transitorias, busca las eternas. ¿Que es todo lo temporal sino engañoso? ¿Y que ayudarán todas las criaturas, si fueres desamparado del Criador? Por esto, dejadas todas las cosas, te debes restituir á tu Criador amable y fiel, porque puedas alcanzar la verdadera bienaventuranza.

Capítulo II.

Cómo la verdad habla dentro del alma sin ruido de palabras.

1 Habla, Señor, porque tu siervo oye. Yo soy siervo, dame entendimiento para que sepa tus verdades. Inclina mi corazon á las palabras de tu boca: descienda tu habla asi como rocío. Decian en el tiempo pasado los hijos de Israel á Moy-

ses: háblanos tú, y oirémoste: no nos hable el Señor, porque quizá moriremos. No asi, Señor, no te ruego asi; mas con el profeta Samuel, con humildad y deseo te suplico: habla, Señor, porque tu siervo oye. No me hable Moises, ni alguno de los Profetas: mas háblame Tú, Señor, Dios inspirador y alumbrador de todos los Profetas: pues Tú solo sin ellos me puedes enseñar perfectamente; pero ellos sin Ti ninguna cosa aprovecharán.

2 Es verdad que pueden pronunciar palabras; mas no dan espíritu. Muy bien hablan; mas callando Tú no encienden el corazon. Dicen la letra; mas Tú abres el sentido: predican misterios; mas Tú declaras el entendimiento de los secretos: pronuncian mandamientos; pero Tú ayudas á

cumplirlos: muestran el camino; pero Tú das esfuerzo para andarlo: ellos obran por defuera solamente; pero Tú instruyes y alumbras los corazones: ellos riegan la superficie; mas Tú das la fertilidad: ellos llaman con palabras; mas Tú das la inteligencia al oido.

3 Pues no me hable Moises: pero Tú sí, Señor Dios mio, eterna verdad, para que por ventura no muera, y quede sin fruto, si solamente fuere enseñado de fuera, y no encendido por adentro. No me sea para condenacion la palabra oida, y no obrada, conocida, y no amada, creida, y no guardada. Habla pues Tú, Señor, porque tu siervo oye, ya que tienes palabras de vida eterna. Háblame de cualquier modo para consolacion de mi ánima, y para la en-

mienda de toda mi vida para eterna honra y gloria tuya.

Capítulo III.

Las palabras de Dios se deben oir con humildad; y cómo muchos no las estiman.

1 Oye, hijo mio, mis palabras suavísimas que exceden toda la ciencia de los filósofos y letrados de este mundo. Mis palabras son espíritu y vida, y no se pueden ponderar por el sentido humano. No se deben traer al sabor del paladar; mas débense oir con silencio, y recibir con humildad y grande afecto.

2 Dijo David: bienaventurado es aquel á quien Tú enseñares, Señor, y á quien mostrares tu ley; porque lo guardes de los dias malos, y no

sea desamparado en la tierra.

3 Yo (dice el Señor) enseñé á los Profetas desde el principio, y no ceso de hablar á todos hasta ahora. Mas muchos son duros y sordos á mi voz. Muchos de mejor agrado oyen al mundo que á Dios; mas fácilmente siguen el apetito de su carne que el beneplácito divino. El mundo promete cosas temporales y pequeñas, y con todo eso le sirven con grande ansia: y Yo prometo cosas grandes y eternas, y entorpécense los corazones de los mortales. ¿Quien me sirve á mí y obedece en todo con tanto cuidado como al mundo y á sus Señores se sirve? Ten vergüenza Sidon, dice el mar. Y si preguntas la causa, oye el por qué. Por un pequeño beneficio van los hombres largo camino; y

por la vida eterna con dificultad muchos levantan el pie del suelo. Buscan los hombres viles ganancias: por una blanca pleitean á las veces torpemente; por cosas vanas y por una corta promesa no temen fatigarse de noche y de dia.

4 ¿Mas ay dolor! que emperezan de fatigarse un poco por el bien que no se muda, por el galardon que es inestimable, y por la suma gloria sin fin. Ten pues vergüenza, siervo perezoso, y lleno de quejas, que aquellos se hallan mas aparejados para la perdicion, que tú para la vida. Alegránse ellos mas por la vanidad, que tú por la verdad; porque algunas veces les miente su esperanza; mas mi promesa á nadie engaña, ni deja frustrado al que confia en Mí. Yo daré lo que ten-

go prometido: Yo cumpliré lo que he dicho, si alguno perseverare fiel en mi amor hasta el fin. Yo soy galardonador de todos los buenos, y fuerte examinador de todos los devotos.

5 Escribe tú mis palabras en tu corazon, y considéralas con mucha diligencia, pues en el tiempo de la tentacion las habrás menester. Lo que no entiendes cuando lo lees conoceráslo en el dia de la visitacion. De dos maneras acostumbro visitar escogidos, esto es, con tentacion, y consuelo. Y dos lecciones les leo cada dia; una reprendiendo sus vicios, otra amonestándolos el adelantamiento de las virtudes. El que tiene mis palabras, y las desprecia, tiene quien lo juzgue en el postrero dia.

Oración para pedir la gracia de la devocion.

6 Señor, Dios mio, Tú eres todos mis bienes. ¿Quien soy yo para que me atreva á hablarte? Yo soy un pobrísimo siervo tuyo, un gusanillo desechado, mucho mas pobre, y mas digno de ser despreciado que sé, ni oso decir. Pero acuérdate, Señor, que soy nada, nada tengo, nada valgo. Tú solo eres bueno, justo y santo: Tú lo puedes todo: Tú lo das todo: Tú lo cumples todo: solo al pecador dejas vacío. Acuérdate, Señor, de tus misericordias, y llena mi corazon de tu gracia, pues no quieren que esten vacías tus obras.

7 ¿Como me podré sufrir en esta miserable vida si no me esfuerza tu misericordia

y gracia? No me vuelvas el rostro: no dilates tu visitacion: no desvies tu consuelo; porque no sea mi ánima como la tierra sin agua. Señor, enséñame á hacer tu voluntad, enséñame á conservar delante de Tí digna y humildemente, porque Tú eres mi sabiduría: que en verdad me conoces, y conociste antes que el mundo se hiciese, y yo naciese en el mundo.

Capítulo IV.

Debemos conversar delante de Dios con verdad y humildad.

1. Hijo, anda delante de mí en verdad, y búscame siempre con sencillo corazón. El que anda adelante de mí en verdad, será defendido de los malos encuentros, y la verdad te librará de los

engañadores, y de las murmuraciones de los malos. Si la verdad te librare serás verdaderamente libre, y no cuidarás de las palabras vanas de los hombres.

2 Señor, verdad es lo que dices, y asi te suplico que lo hagas conmigo. Tu verdad me enseñe, y ella me guarde y me conserve hasta el fin saludable. Ella me libre de toda mala aficion, y amor desordenado, y asi andaré contigo en gran libertad de corazon.

3 Yo te enseñaré (dice la verdad) las cosas rectas, y agradables á mí. Piensa tus pecados con gran descontento y tristeza, y nunca te juzgues ser algo por tus buenas obras, que en verdad eres pecador, sujeto y enlazado en muchas pasiones. De tí siempre vas á ser nada, lue-

go caes, luego eres vencido, presto te turbas y desfalleces. No tienes cosa de que te puedas alabar, y tienes muchas por que te puedes tener por vil; porque mas flaco eres de lo que puedes pensar.

4. Por eso no te parezca gran cosa alguna de cuantas haces. No tengas nada por grande, nada por cosa preciada ni maravillosa, nada estimes por digno de reputacion, nada por alto, nada por verdaderamente de alabar y codiciar, sino lo que es eterno. Agradece sobre todas las cosas la eterna verdad, y desagrádete siempre sobre todo tu grandísima vileza. No temas nada, ni desprecies ni huyas cosa alguna, tanto como tus faltas y pecados, los cuales te deben entristecer mas que los daños

de todas las cosas. Algunos no andan delante de mí llanamente; pero con curiosidad y arrogancia quieren saber mis secretos, y entender las cosas altas de Dios, no cuidando de sí mismos ni de su salvación. Estos tales muchas veces caen en grandes tentaciones y pecados por su soberbia y curiosidad, porque yo les soy contrario.

5 Teme los juicios de Dios, espántate de la ira del Omnipotente, no quieras disputar las obras del Altísimo: mas escudriña tus maldades; en cuantas cosas pecaste, y cuantas buenas obras dejaste de hacer por tu negligencia. Algunos tienen su devoción solamente en sus libros, otros en señales y figuras exteriores. Otros me traen en la boca; mas muy po-

co en el corazon. Hay otros que alumbrados en el entendimiento, y purgados en el afecto, suspiran siempre por las cosas eternas; oyen con pena las terrenas, y con dolor sirven á las necesidades de la naturaleza, y estos sienten lo que habla en ellos el espíritu de verdad; porque los enseña á despreciar lo terrestre, y amar lo celestial: aborrecer el mundo, y desear el cielo de dia y de noche.

Capítulo V.

Del maravilloso afecto del Divino amor.

1. Bendígote, Padre celestial, Padre de mi Señor Jesucristo, que tuviste por bien acordarte de mí, pobre. O Padre de misericordia, y Dios de toda conso-

lacion, gracias te hago, que á mí indigno de todo consuelo, algunas veces recreas con tu consolacion. Bendígote siempre, y glorifícote con tu Unigénito Hijo, con el Espíritu Santo Consolador, por los siglos de los siglos. O Señor, Dios mio, amador santo mio, cuando Tú vinieres á mi corazon, se alegrarán todas mis entrañas. Tú eres mi gloria y mi alegría: Tú eres mi esperanza, y el refugio mio en el dia de mi tribulacion.

2 Mas porque soy aun flaco en el amor, é imperfecto en la virtud, por eso tengo necesidad de ser fortalecido, y consolado de Tí. Por eso visítame, Señor, mas veces, é instrúyeme con santas doctrinas. Líbrame de mis malas pasiones, y sana mi corazon de todas mis aficiones des-

ordenadas; porque sano y bien purgado en lo interior, sea hábil para amarte, fuerte para sufrir, y firme para perseverar.

3 Gran cosa es el amor, gran bien sobre todo: él solo hace ligero todo lo pesado, y lleva con igualdad todo lo desigual, pues lleva la carga sin carga, y hace dulce y sabroso todo lo amargo. El nobilísimo amor de Jesus nos anima á hacer grandes cosas, y siempre mueve á desear lo mas perfecto. El amor quiere estar en lo mas alto, y no ser detenido de cosas bajas. El amor quiere ser libre, y ageno de toda aficion mundana; porque no se impida su interior vista, ni le embarace en ocupaciones de provecho temporal, ó caiga por algun daño ó pérdida. No hay cosa mas dulce que el amor, ni mas

fuerte, ni mas alta, ni mas ancha, ni mas alegre, ni mas cumplida, ni mejor en el cielo, ni en la tierra; porque el amor nació de Dios, y no puede quitarse con todo lo criado, sino con el mismo Dios.

4 El que ama vuela, corre, alégrase, es libre, no es detenido: todas las cosas da por todos, y las tiene todas en todos; porque descansa en un sumo Bien sobre todas las cosas, del cual mana y procede todo bien. No mira á los dones; pero vuélvese al dador de ellos sobre todos los bienes. El amor muchas veces no sabe modo; mas hierve sobre todo modo. El amor no siente carga, ni hace caso de los trabajos, antes desea mas de lo que puede: no se queja que le manden lo imposible; porque cree, que todo lo pue-

de en Dios. Pues para todo: es bueno, y muchas cosas, ejecuta y pone por obra, en las cuales, el que no ama desfallece y cae.

5 El amor siempre vela; y durmiendo, no se adormece: fatigado, no se cansa: angustiado, no se angustia: espantado, no se espanta: sino como viva llama, y ardiente luz sube á lo alto, y se remonta seguramente. Si alguno ama, conoce lo que dice esta voz: grande clamor es en los oidos de Dios el abrasado afecto del ánima, que dice: Dios mio, amor mio, Tú todo mio, y yo tuyo.

6 Dilátame en el amor para que aprenda á gustar con la boca del corazon tus secretos, y cuán suave es amar y derretirse, y nadar en el amor. Sea yo cautivo del amor, saliendo de mí por el grande fervor y

admiracion. Cante yo cantar de amor: sígate yo, Amado mio, á lo alto, y desfallezca mi ánima en tu loor, alegrándome por el amor. Amete yo mas que á mí, y no me ame á mí, sino por Tí: y ame á todos en Tí los que de verdad te aman, como manda la ley del amor que sale de Tí como un esplendor de tu divinidad.

7 El amor es diligente, limpio, piadoso, alegre y deleitable, fuerte, sufrido, fiel, prudente, espera largo tiempo, es varonil y nunca se busca á sí mismo; porque haciéndolo asi, luego cae del ser del amor. El amor es muy mirado, humilde, recto; no es regalado, liviano, ni entiende en cosas vanas: es sobrio, firme, casto, reposado y recatado en todos sus sentidos. El amor es sujeto y obediente á los pre-

lados, y para sí mismo vil y despreciado: para Dios devoto y agradecido; confiando y esperando siempre en él, aun en el tiempo, cuando no le regala, porque no vive ninguno en amor sin dolor.

8 El que no está aparejado á sufrir todas las cosas, y estar á la voluntad del Amado, no es digno de ser llamado amador. Conviene al que ama abrazar de buena voluntad por el Amado todo lo duro y amargo, y no apartarse de él, por cosa contraria que acaezca.

Capítulo VI.

De la prueba del verdadero amador.

1 Hijo, no eres aun fuerte y prudente amador.

2 ¿Por que, Señor mio?

3 Porque por una contradiccion pequeña faltas en lo comenzado, y buscas la consolacion con mucha ansia. El constante amador está fuerte en las tentaciones, no cree á las astucias engañosas del enemigo. Como yo le agrado en las prosperidades, asi no le descontento en lo adverso.

4 El discreto amador no considera tanto el don, cuanto el amor del que lo da: antes mira á la voluntad, que á la merced; y todas las dádivas pone debajo del amado. El amador noble no descansa en el don, mas en mí sobre todo don. Por eso, si algunas veces no gustas tan bien de mí, ó de mis santos, como deseas, no por eso está ya todo perdido. Aquel tierno y dulce afecto que sientes

algunas veces, obra es de la presente gracia, y aun salva de la patria celestial, sobre lo cual no se debe estimar mucho, porque va y viene. Mas pelear contra los malos movimientos del ánima, y desechar las persuasiones del enemigo, señal es de virtud, y de gran merecimiento.

5 Pues no te turben las imaginaciones de diversas materias que te vienen. Guarda tu firme propósito con recta intencion á Dios. No es engaño, que de repente te arrebaten alguna vez á lo alto, y luego te tornes á las distracciones acostumbradas del corazon; porque mas las sufres contra tu voluntad, que las causas; y mientras te dan pena y las contradices, ménito es y no pérdida.

6. Persuádete que el ene-

migo antiguo, de todos modos se esfuerza para impedir tu deseo, y aprovechamiento en lo bueno, y privarte de todo ejercicio devoto, como es honrar á los Santos, la piadosa memoria de mi Pasion, la útil contricion de los pecados, la guarda del propio corazon, el firme propósito de aprovechar en la virtud. Tráete muchos pensamientos malos para espantarte, para desviarte de la oracion, y de la leccion sagrada: desagrádale mucho la humilde confesion; y si pudiese, él haria que no comulgases. No le creas, ni hagas caso de él, aunque muchas veces te arme lazos. Cuando te trajere pensamientos malos y torpes, atribúyelo á él, y dile: vete de aqui, espíritu inmundo: ten vergüenza, desventurado:

muy sucio eres, pues me traes tales cosas á la imaginacion. Apártate de mí, malvado engañador: no tendrás alguna parte en mí; pero Jesus estará conmigo, como invencible capitan, y tu estarás confuso. Mas quiero morir y sufrir cualquier pena, que consentir contigo. Calla y enmudece, no te oiré mas, aunque mas me importunes. El Señor es mi luz y mi salud; ¿á quien temeré? Aunque se ponga contra mí un ejército, no temerá mi corazon. El Señor es mi ayuda, y mi Redentor.

7 Pelea como buen soldado; y si alguna vez cayeres por flaqueza de corazon, procura cobrar mayores fuerzas que las primeras, confiando de mayor favor mio; y guárdate mucho del vano contentamiento, y de la soberbia.

Por esto muchos estan engañados, y caen algunas veces en ceguedad casi innumerables. Séate aviso para perpetua humildad la caida de los soberbios, que locamente presumen de sí.

Capítulo VII.

Cómo se ha de encubrir la gracia debajo de la humildad.

1 Hijo, mas útil y mas seguro es encubrir la gracia de la devocion, y no ensalzarte, ni hablar mucho de ella, ni estimarla mucho, sino despreciarte á ti mismo y temer, porque se ha dado á quien no lo merece. No es bien estrivar demasiado en este tiempo afecto, que se puede mudar presto en lo contrario. Piensa cuando estas en gracia, cuán miserable, y

pobre sueles ser sin ella. Y no está solo el aprovechamiento de la vida espiritual en tener gracia de consolacion; mas cuando con humildad, negándote á ti mismo, con paciencia llevas bien que se te quite; de suerte, que entonces no aflojes en el cuidado de la oracion, ni dejes las buenas obras que sueles hacer: mas como mejor pudieres, y entendieres, haz de buena gana todo lo que está en ti: ni por la sequedad ó angustia que sientes, te descuides del todo.

2 Porque hay muchos, que cuando las cosas no les suceden bien, luego se impacientan ó aflojan en la virtud: porque no está siempre en la mano del hombre su camino; mas á Dios pertenece el dar y consolar, cuando quiere, como á él le agrada, y

no mas. Algunos indiscretos se destruyeron por la gracia de la devocion; porque quisieron hacer mas de lo que pudieron, no mirando la medida de su pequeñez, siguiendo mas el deseo de su corazon, que el juicio de la razon; y porque se atrevieron á mayores cosas que Dios queria, por esto perdieron la gracia y se hallaron pobres, y quedaron viles, los que pusieron en el cielo su nido, para que humillados aprendan á no volar con sus alas; mas á esperar debajo de mis plumas. Los que son nuevos, sin experiencia en el camino del Señor, si no se gobiernan por el consejo de discretos, fácilmente pueden ser engañados, y venir á perderse.

3 Si quieren seguir mas su parecer, que creer á los ejer-

citados, les será al cabo de
gran peligro, si no quieren ceder de su propio juicio. Los
que se tienen por sabios, tarde
sufren con humildad ser corregidos: mejor es saber poco
con humildad y poco entendimiento, que tener grandes tesoros de ciencia con vano contento. Mejor te es á ti el tener
poco, que mucho, de donde te
puedes ensoberbecer. No hace discretamente el que se da
todo á la alegría, olvidando su
miseria, y el casto temor del
Señor, que teme perder la
gracia concedida. No lo hace
como quien trata de virtud el
que anda desconfiado en el
tiempo de la adversidad ó tribulacion, y poco confiado,
piensa y siente de mí menos
de lo que conviene.

4 El que demasiado se asegura el tiempo de paz, muy

caido se hallará muchas veces en el tiempo del combate. Si supieses siempre permanecer humilde y pequeño en tus ojos, y moderar y regir bien tu espíritu, no caerías tan presto en los peligros. Buen consejo es que pienses, cuando estas con fervor de espíritu, lo que puede venir, apartándose aquella luz. Y cuando esto acaece, piensa que otra vez puedes volver á la misma luz; la cual yo te quité por algun tiempo, para tu seguridad y gloria mia.

5 Mas aprovecha muchas veces esta prueba, que si tuvieses de continuo á tu voluntad las cosas que deseas; porque los merecimientos no se han de calificar por tener muchas visiones, ó consolaciones; ó porque sea uno entendido en la Escritura, ó por-

que esté levantado en dignidad, si no fuere fundado en humildad verdadera, y lleno de caridad: si pura, y enteramente buscare siempre la honra de Dios; si reputare á sí mismo por nada, y verdaderamente se despreciare; y si se holgare de ser abatido y despreciado, mas que honrado de otros.

Capítulo VIII.

De la vil estimacion de sí mismo delante de los ojos de Dios.

1 Hablaré yo á mi Señor, siendo, como soy, polvo y ceniza? Si mas de esto me reputare, Tú estas contra mí, y mis maldades hacen de esto verdadero testimonio, y no puedo contradecir. Mas si me envileciere, y me volviere nada, y dejare toda propia es-

timacion, y me tornaré pol‑
vo (como lo soy), me será tu
gracia favorable, y tu luz se
acercará á mi corazon, y toda
estimacion se hundirá en el
valle de mi poquedad. Allí me
mostrarás qué soy, qué fui, y
de donde vine, porque soy na‑
da y no lo conocí. Si soy de‑
jado á mis fuerzas, todo soy
nada, y todo flaqueza; pero si
Tú me miras, luego seré forti‑
ficado, y estaré lleno de nuevo
gozo. Y es cosa maravillosa,
por cierto, como tan de re‑
pente soy levantado sobre mí,
y abrazado de Tí con tanta
benignidad, siendo asi que yo,
segun mi propia pesadumbre,
siempre voy á lo bajo.

2 Esto, Señor, hace tu
amor, que sin méritos mios
me previene, y me socorre en
tanta multitud de necesida‑
des, guardándome tambien

de peligros, librándome (para decir verdad) de innumerables males: porque yo me perdí amándome; pero buscándote á Tí solo, y amándote puramente halle á mí y á Tí, y por el amor me reduje mas profundamente á mi nada: porque Tú, ó dulcísimo Señor, haces conmigo mucho mas de lo que merezco, y mas de lo que me atrevo á esperar ó pedir.

3 Bendito seas, Dios mio, que aunque soy indigno de todo bien, todavía tu suprema é infinita bondad nunca cesa de hacer bien, aun á los desagradecidos, y que estan muy lejos de Tí. Conviértenos á Tí, para que seamos agradecidos, humildes y devotos; pues Tú eres nuestra salud, virtud y fortaleza.

Capítulo IX.

Todas las cosas se deben referir á Dios, como á último fin.

1 Hijo, Yo debo ser tu supremo y último fin, si deseas de verdad ser bienaventurado. Con este propósito se purificará tu deseo, que mala y vilmente se abate muchas veces á sí mismo y á las criaturas; porque si en algo te buscas, luego desfalleces en ti y te secas. Pues atribuye todo lo bueno principalmente á mí, que soy el que te doy todos los bienes. Asi, considerada cada cosa como venida del soberano Bien, y por eso todas las cosas se deben reducir á mí, como á su propio principio.

2 De mí sacan agua, como de fuente viva, el peque-

ño y el grande, el pobre y el rico; y los que me sirven de buena voluntad, recibirán gracia por gracia; mas el que se quiere glorificar fuera de mí, ó deleitarse en algun bien particular, no será confirmado en el verdadero gozo, ni deleitado en su corazon; mas estará impedido y angustiado de muchas maneras. Por eso no te apropies á ti alguna cosa buena, ni atribuyas á algun hombre la virtud; mas refiérelo todo á Dios, sin el cual no tiene un hombre cosa alguna. Yo lo dí todo: yo quiero que te vuelvas todo á mí: y con gran razon quiero que me hagas gracias por ello.

3 Esta es la verdad con que se destruye la vanagloria. Y si la gracia celestial, y la caridad verdadera entrare en el alma, no habrá envidia algu-

na, ni quebranto de corazon, ni te ocupará el amor propio. La caridad de Dios lo vence todo, y dilata todas las fuerzas del ánima. Si bien te entiendes, en mí solo te has de gozar, en mí solo has de tener esperanza: porque ninguno es bueno, sino solo Dios, el cual es de alabar sobre todas las cosas, y deber ser bendito en todas ellas.

Capitulo X.

En despreciando el mundo, es dulce cosa servir á Dios.

1 Otra vez hablaré, Señor, ahora, y no callaré: diré en los oidos de mi Dios, mi Señor y mi Rey, que está en el cielo: ¡ó Señor, cuán grande es la grandeza de tu dulzura, que escondiste para los que te temen! Pero ¿que

serás para los que te aman?
¿Que serás para los que te sirven de todo corazon? Verdaderamente es inefable la dulzura de tu contemplacion; la cual das á los que te aman. En esto has mostrado singularmente la dulcedumbre de tu caridad, que cuando yo no era, me criaste; y cuando andaba errado y lejos de Tí, me tornaste á Tí, para que te sirviese, mandándome que te amase.

2 ¿O fuente perenne de amor, que diré de Tí? ¿Como podré olvidarme de Tí, que te dignaste de acordarte de mí, aun despues que yo me perdí y perecí? Hiciste conmigo tu siervo, misericordia sobre toda esperanza, y sobre todo merecimiento me diste tu gracia y amistad. ¿Que te daré yo por esta gracia? Porque no

se da á todos, que dejadas todas las cosas, renuncien al mundo, y escojan vida retirada. No es gran cosa que yo te sirva: á quien toda criatura debe servir, no me debe parecer mucho servirte yo: mas antes esto me parece cosa grande y maravillosa, que Tú te dignaste de recibir por siervo á un tan pobre é indigno, y unirle con tus amados siervos.

3 Señor, todas las cosas que tengo, y con que te sirvo, tuyas son. Mas en verdad, Tú me sirves mas á mí, que yo á Tí. El cielo y la tierra que criaste para el servicio del hombre, estan aparejados para obedecerte, y hacen cada dia todo lo que les mandas: y esto poco es: pues aun los ángeles criaste, y adornaste para servicio del hombre. Mas á todas estas cosas excede, que

Tú mismo te dignaste de servir al hombre, y le prometiste de darte á Ti mismo.

4 ¿Que te daré yo por tantos millares de beneficios? ¡O si pudiese yo servirte todos los dias de mi vida! ¡O si pudiese solamente siquiera un solo dia hacerte algun digno servicio! Verdaderamente Tú solo eres digno de todo servicio, de toda honra y alabanza eterna. Verdaderamente Tú solo eres mi Señor, y yo miserable siervo tuyo que estoy obligado á servirte con todas mis fuerzas, y nunca debo cansarme de alabarte. Asi lo quiero, asi lo deseo: y lo que me falta ruégote que Tú lo cumplas.

5 Grande honra y gran gloria es servirte, y despreciar todas las cosas por Ti. Por cierto grande gracia tendrán los que de toda voluntad se

sujetaren á tu santísimo servicio, y hallarán la suavísima consolación del Espíritu Santo, los que por amor tuyo despreciaren todo deleite carnal; y alcanzarán gran libertad de corazon los que entran por senda estrecha por amor tuyo, y por él desechan todo cuidado del mundo.

6 ¡O agradable y muy alegre servidumbre del Altísimo, con la cual se hace un hombre verdaderamente libre y santo! ¡O sagrado estado del ejercicio religioso que hace al hombre igual á los Angeles, apacible á Dios, terrible á los demonios, y de todos los fieles alabado! ¡O trabajo digno de ser abrazado y siempre apetecido, con el cual se merece el sumo bien y se adquiere el gozo que durará para siempre, sin límite ni fin!

Capítulo XI.

Los deseos del corazon se deben examinar y moderar.

1 Hijo, aun te conviene aprender muchas cosas que no has entendido bien.

2 Señor, ¿que son estas cosas?

3 Que pongas tu deseo totalmente en sola mi voluntad, y no seas amador de ti mismo, sino afectuoso celador de lo que á mí me agrada. Los deseos te encienden muchas veces, y te alientan grandemente; pero considera si te mueves mas por mi honra, ó por tu provecho. Si Yo soy la causa, bien te contentarás de cualquier modo que Yo lo ordenare; mas si algo tienes escondido de amor propio, con que siempre te buscas,

mira que eso es lo que mucho te impide y agrava.

4. Guárdate pues no confies mucho en el deseo que tuviste sin consultarlo conmigo; porque puede ser que te arrepientas, y te descontente lo que primero te agradaba, y como cosa mejor con gran afecto lo deseaste: porque no se puede seguir luego cualquier deseo que parece bueno; ni tampoco huir á la primera vista toda aficion que parece contraria. Conviene algunas veces usar de freno aun en los buenos ejercicios y deseos, porque no caigas por demasía en distraccion del alma, y porque no causes escándalo á otros con tu discrecion, ó por la contradiccion de algunos te turbes luego y deslices.

5. También algunas veces

conviene usar de fuerza, y contradecir varonilmente al apetito sensitivo, y no cuidar de lo que la carne quiere ó no quiere: mas trabajar porque esté sujeta al espíritu aunque le pese, y debe ser castigada y enfrenada, hasta que esté pronta para todo lo bueno, y sepa contentarse con lo poco, y holgarse con lo sencillo, y no murmurar contra cosa alguna que le fuere amarga.

Capítulo XII.

Declárase qué cosa sea paciencia y la lucha contra el apetito.

1. Señor Dios, á lo que yo echo de ver, la paciencia me es muy necesaria; porque en esta vida acaecen muchas adversidades. Pues de cualquier suerte que ordenare mi paz, no puede estar mi vi-

da sin batalla y dolor.

2 Asi es, hijo, pero no quiero que busques tal paz que carezca de tentaciones, y no sienta contrariedades; antes cuando fueres ejercitado en diversas tribulaciones, y probado en muchas contrariedades, entonces piensa que has hallado la paz. Si dijeres que no puedes padecer mucho, ¿cómo sufrirás el fuego del purgatorio? De dos trabajos siempre se ha de escoger el menor. Por eso para que puedas escapar de los tormentos eternos, estudia sufrir con paciencia por Dios los males presentes. ¿Piensas tú que poco ó nada sufren los hombres del mundo? Esto aun en los muy regalados no cabe.

3 Pero dirás, que tienen muchos deleites, y siguen sus apetitos, y por esto se les da

poco de algunas cosas contrarias.

4 Mas aunque fuese así que tengan cuanto quisieren, dime, ¿cuanto les durará? Mira que los muy sobrados y ricos en el siglo, desfallecerán como humo, y no habrá memoria de los gozos pasados: pues aun mientras viven no se huelgan en ellos sin amargura, congoja y miedo; porque de la misma cosa que se recibe el deleite, de allí las mas veces reciben la pena del dolor. Justamente se hace con ellos: porque así como desordenadamente buscan y siguen los deleites, así los tengan con amargura y confusion. ¡O cuan breves! ¡O cuan falsos! ¡O cuan desordenados y torpes son todos! Mas por estar privados de juicio, y con gran ceguedad,

no lo entienden, sino como animales brutos por un poco de deleite de vida corruptible caen en la muerte del ánima. Por eso, hijo, no vayas tú tras tus desordenados apetitos: apártate de tu voluntad. Deléitate en el Señor, y darte ha lo que le pidiere tu corazon.

5 Porque si quieres tener verdadero gozo, y estár consolado en mí abundantísimamente, tu suerte y bendicion estará en el desprecio de todas las cosas del mundo, y en cortar de tí todo deleite de acá abajo, y asi se te dará copiosa consolacion: y cuanto mas desviares del todo el consuelo de las criaturas, tanto hallarás en mí mas suaves y poderosas consolaciones; mas no las alcanzarás sin alguna pena, trabajo y pelea.

La costumbre te será contraria; pero vencerásla con otra costumbre mejor. La carne resistirá; mas enfrenaráse con el fervor del espíritu. La serpiente antigua te instigará y se embravecerá; pero con la oracion huirá, y con el trabajo provechoso le cerrarás del todo la puerta.

Capítulo XIII.

De la obediencia del súbdito humilde á ejemplo de Cristo.

1 Hijo, el que procura quitarse de la obediencia él mismo se quita la gracia: y el que quiere tener cosas propias pierde las comunes. El que no se sujeta de buena gana á su superior, señal es que su carne aun no le obedece á él perfectamente, sino que muchas veces tira

coces, y murmura. Aprende pues á sujetarte presto á tu superior si deseas tener tu carne sujeta: porque mas presto se vence el enemigo de fuera cuando el hombre interior estuviere desordenado. No hay enemigo mas dañoso ni peor para tu ánima, que tú mismo si no estás bien ajustado con el espíritu. Necesario es que tengas verdadero desprecio de ti mismo si quieres vencer la carne y la sangre: porque aun te amas desordenadamente, por eso temes sujetarte del todo á la voluntad de otros.

2 ¿Pero que gran cosa es que tú, polvo y nada, te sujetes al hombre por mi amor, cuando Yo, Omnipotente y Altísimo, que crié todas las cosas de nada, me sujeté al hombre humildemente por

ti? Híceme el mas abatido de todos para que vencieses tu soberbia con humildad. ¡O polvo! Aprende á obedecer: aprende, tierra y lodo, á humillarte y postrarte á los pies de todos. Aprende á quebrantar tus quereres, y rendirte á toda sujecion.

3 Enójate contra ti mismo, y no sufras que viva en ti la presuncion de la soberbia; mas hazte tan sujeto, y pequeño que puedan todos ponerse sobre tu cabeza, y pisarte como el lodo de las calles. O hombre vano, ¿de que te quejas? ¡O pecador torpe, que puedas contradecir á quien me maltrata, pues tantas veces ofendiste á tu Criador, y muchas mereciste el infierno! Mas te perdoné porque tu ánima fue preciosa en mi acatamiento, para que co-

nocieses mi amor, y fueses siempre agradecido á mis beneficios, y que te dieses continuamente á la verdadera humildad y sujecion, y sufrieses con paciencia tu propio menosprecio.

Capítulo XIV.

Cómo se han de considerar los secretos juicios de Dios, porque no nos envanezcamos.

1 Señor, tus juicios me asombran, como un espantoso trueno, y hieren todos mis huesos penetrados de temor y temblor, estremeciéndose de ellos mi ánima. Estoy atónito; y considero que los cielos no son limpios en tu presencia. Si en los Angeles hallaste maldad, y no los perdonaste, ¿que será de mí? Cayeron las estrellas del

Cielo: yo, que soy polvo, ¿qué presumo? Aquellos cuyas obras parecian muy dignas de alabanza cayeron á lo bajo: y los que comian pan de Angeles, vi deleitarse con el manjar de animales inmundos.

2 No hay santidad si Tú apartas tu mano. No aprovechará discrecion si Tú dejas de gobernar. No hay fortaleza que ayude si Tú la dejas de conservar. No hay castidad segura si Tú no la defiendes. Ninguna propia guarda aprovecha si nos falta tu santa providencia. Porque en dejándonos luego nos vamos á fondo y perecemos: mas visitados de Ti nos levantamos y vivimos. Mudables somos; mas por Ti estamos firmes: entibiámonos; mas Tú nos enciendes.

3 ¡O cuan vil y bajamen-

te debo sentir de mí! ¡En cuan poco me debo tener aunque parezca que tenga algun bien! ¡O Señor, cuan profundamente me debo sujetar y hundir en el abismo de tus juicios, donde no me hallo ser otra cosa en mí, sino ser nada en todo! ¿Pues adonde estará escondido siquiera algun fundamento de mi propia gloria? ¿Donde estará la confianza de mi propia virtud? Anégase toda vanagloria en la profundidad de tus juicios.

4. ¿Que es toda carne en tu presencia? ¿O por ventura podrá gloriarse el barro contra el que lo formó? ¿Como se puede engreir con vanas alabanzas el corazon, que está verdaderamente sujeto á Dios? Todo el mundo no levantará al que tiene la verdad sujeta; ni se moverá por mu-

cho que le alaben, el que tiene firme toda su esperanza en Dios; porque todos los que hablan son nada, y con el sonido de las palabras fallecerán; pero la verdad del Señor permanecerá para siempre.

Capítulo XV.

Cómo se debe uno haber, y decir en todas las cosas que deseare.

1 Hijo, dí asi, en cualquier cosa: Señor, si te agradare, hágase esto asi. Señor, si es honra tuya, hágase esto en tu nombre. Señor, si vieres que me conviene, y hallares serme provechoso, concédemelo para que use de ello á honra tuya; mas si conocieres que me seria dañoso á mí, y nada provechoso á la salvacion de mi ánima, desvia de mí tal deseo; porque

no todo deseo procede del Espíritu Santo aunque parezca justo y bueno al hombre. Dificultoso es juzgar si te incita buen espíritu ó malo á desear esto ó aquello, ó si te mueve tu propio espíritu. Muchos se hallan engañados al fin, que al principio parecian ser movidos por buen espíritu.

2 Por eso sin verdadero temor de Dios, y humildad de corazon, no debes desear ni pedir cosa que al pensamiento se te ofreciere digna de desear, y especialmente con entera renunciacion lo remite todo á mí; y puédesme decir: ó Señor, Tú sabes lo mejor: haz que se haga esto ó aquello como te agradare: dame lo que quisieres, y cuanto quisieres, y cuando quisieres. Haz conmigo como sabes, y como mas te pluguiere, y fuere ma-

yor honra tuya. Ponme donde quisieres, y haz conforme á tu gusto en todas las cosas. Yo estoy en tu mano, vuelve y revuélveme á la redonda. Vé aquí tu siervo aparejado para todo, porque no deseo, Señor, vivir para mí, sino para Ti: plega á tu misericordia que viva digna y perfectamente.

Oracion para que podamos conseguir la voluntad de Dios.

3 Concédeme, benignísimo Jesus, tu gracia para que esté conmigo, y obre conmigo, y persevere conmigo hasta el fin. Dime que desee y quiera siempre lo que te es mas agradable á Ti. Tu voluntad sea la mia, y mi voluntad siga siempre la tuya, y se conforme en todo con ella. Tenga un querer y no querer contigo; y no pueda querer

ni no querer, sino lo que Tú quieres y no quieres.

4 Dame, Señor, que muera á todo lo que hay en el mundo, y dame que ame por Ti ser despreciado y olvidado. Dame sobre todo lo que se puede desear descansar en Ti, y quietar mi corazon en Ti. Tú eres la verdadera paz del corazon: Tú solo eres descanso: fuera de Ti todas las cosas son molestas, y sin sosiego. Es esta paz que está en Ti un sumo y eterno bien: dormiré y descansaré. Amen.

CAPITULO XVI.

En solo Dios se debe buscar el verdadero consuelo.

1 Cualquiera cosa, que puedo desear ó pensar para mi consuelo no la espero aqui, sino en la otra vida. Pues aun

que yo solo tuviese todos los gustos del mundo, y pudiese usar de todos los deleites, cierto es que no podrian durar mucho. Asi que, ánima mia, tú no podrás estar consolada cumplidamente, ni descansar perfectamente, sino en Dios que es consolador de los pobres, y recibe los humildes. Espera un poco, ánima mia, espera la promesa divina, tendrás abundancia de todos los bienes en el cielo. Si deseas desordenadamente estas cosas presentes, perderás las eternas. Las temporales son para usar, las celestiales para desear. No puedes quedar satisfecha de cosa temporal, porque no eres criada para gozar de lo caduco.

2 Aunque tengas todos los bienes criados, no puedes ser dichosa y bienaventura-

da; mas en Dios que crió todas las cosas consiste tu bienaventuranza y tu felicidad; no como la dicha que admiran y alaban los locos amadores del mundo: mas como la que esperan los buenos y fieles siervos de Cristo, y algunas veces la gustan los espirituales, y limpios de corazon, cuya conversacion está en los cielos. Vano es, y breve todo consuelo humano. El bienaventurado y verdadero es aquel que continuamente da á sentir la verdad. El hombre devoto en todo lugar lleva consigo á Jesus su consolador, y le dice: ayúdame, Señor Jesus, en todo lugar y tiempo. Tenga yo por gran consolacion que no estarás perpetuamente airado contra mí, ni me amenazarás para siempre.

Capítulo XVII.

Todo nuestro cuidado se ha de poner en solo Dios.

1 Hijo, déjame hacer contigo lo que yo quiero: Yo sé lo que te conviene. Tú piensas como hombre, y sientes en muchas cosas como te enseña el afecto humano.

2 Señor, verdad es lo que dices: mayor es el cuidado que Tú tienes de mí, que todo el cuidado que yo puedo poner en mirar por mí. Muy á peligro de caer está el que no pone todo su cuidado en Ti, Señor. Esté mi voluntad firme, y recta contigo; y haz de mí lo que quisieres, que no puede ser sino bueno todo lo que Tú hicieres de mí. Si quieres que esté en tinieblas, bendito sea tu nombre; y si quieres

que esté en luz tambien seas bendito. Si te dignares de consolarme bendito seas: y si me quieres atribular tambien seas bendito para siempre.

3 Hijo, asi debes hacer si quieres andar conmigo: tan pronto debes estar para padecer, como para gozar. Tan de grado debes ser mendigo y pobre, como abundante y rico.

4 Señor, muy de buena gana padeceré por Ti todo lo que quisieres que venga sobre mí. Sin diferencia quiero recibir de tu mano lo bueno y lo malo: lo dulce y lo amargo: lo alegre y lo triste; y te daré gracias por todo lo que me sucediere. Guárdame de todo pecado, y no temeré la muerte, ni el infierno: conque no me apartes de Ti para siempre, ni me bor-

res del libro de la vida, no me dañará cualquier tribulacion que venga sobre mí.

CAPÍTULO XVIII.

Debemos llevar con igualdad las miserias temporales á ejemplo de Cristo.

1 Hijo, Yo bajé del cielo por tu salud: tomé tus miserias, no por necesidad, mas por la caridad que me traia, porque tú aprendieses paciencia, y sufrieses sin indignacion las miserias temporales, porque desde la hora en que nací hasta la muerte en la Cruz, no me faltaron dolores que sufrir: Yo tuve muy gran falta de las cosas temporales: oí muchas veces grandes quejas de mí: sufrí mansamente sinrazones, y afrentas. Por los beneficios

recibí desagradecimientos; por los milagros oí blasfemias contra mí; y por la doctrina represion.

2 Señor, si Tú fuiste paciente en tu vida, principalmente cumpliendo en esto la voluntad de tu Padre, justo es que yo, miserable pecador, segun tu voluntad sufra con paciencia, y lleve por mi salvacion la carga de mi corruptibilidad hasta cuando quisieres; pues aunque la vida presente se siente ser cargosa, ya esta se ha hecho por tu gracia muy meritoria, y mas tolerable para los flacos, y por tu ejemplo, y de tus Santos mas ilustre, y aun de mucho mas consuelo, que fue en tiempo pasado en la ley vieja cuando estaba cerrada la puerta del cielo, y el camino parecia mas oscuro, cuando eran ra-

ros los que tenian cuidado de buscar el reino de los cielos; pero aun los que entonces eran justos, y se habian de salvar, no podian entrar en el reino celestial, hasta que llegase tu Pasion, y la satisfaccion de tu sagrada muerte.

3 ¡O cuantas gracias debo darte que te dignaste de mostrarme á mí, y á todos los fieles la carrera derecha, y tan buena para llegar á tu eterno reino; porque tu vida es nuestro camino, y por la santa paciencia vamos á Ti, que eres nuestra corona! Si Tú no fueras delante, y nos enseñases, ¿quien cuidára de seguirte? Ay, ¡cuantos quedarian lejos, y muy atras, si no mirasen tus heróicos ejemplos! Y con todo eso, aun estamos tibios, despues de haber oido tantas maravillas de tus obras, y doctri-

na! ¿Que hariamos, sino tuviesemos tanta luz para seguirte?

Capítulo XIX.

De la tolerancia de las injurias, y como se prueba el verdadero paciente.

1 Hijo, ¿que es lo que dices? Cesa de quejarte, considerando mi Pasion, y la de los Santos. Aun no has resistido hasta derramar sangre. Poco es lo que padeces, en comparacion de los que padecieron tanto; tan fuertemente tentados, tan gravemente atribulados, probados y ejercitados de tan diversos modos. Importa traer á tu memoria las cosas muy graves de otros, para que fácilmente sufras tus pequeños trabajos. Y si no te parecen pequeños, mira no lo cause tu im-

paciencia; pero sean grandes, ó pequeños, procura llevarlos todos con paciencia y paz.

2 Cuanto mas te dispones para padecer, tanto mas cuerdamente haces, y mas mereces, y lo llevarás tambien mas ligeramente, teniendo el ánimo prevenido y aparejado. Y no digas: no puedo sufrir esto de aquel hombre, ni es razon que yo sufra tales cosas, porque me injurió gravemente, y me levanta cosas que nunca pensé; mas de otro sufriré de grado todo lo que pareciere se debe sufrir. Indiscreto es tal pensamiento, que no considera la virtud de la paciencia, ni mira quien la ha de galardonar; antes se ocupa en hacer caso de las personas, y de las injurias que le hacen.

3 No es verdadero paciente el que solo sufre lo que

quiere, y de quien él quisiere. Pero el verdadero paciente no mira quien le persigue, si es Prelado ó igual suyo, ó inferior, ó si es hombre bueno y santo, ó provechoso é indigno. Mas sin diferencia de personas, cualquier daño, y todas cuantas veces sucede, cualquier adversidad, todo lo recibe de buena gana, como de la mano de Dios, y lo estima por mucha ganancia; porque no hay cosa delante de Dios, por pequeña que sea, padecida por su amor, que pase sin galardon.

4. Pues aparéjate á la batalla si quieres tener victoria. Sin pelear no podrás alcanzar la corona de la paciencia. Si no quieres padecer, reusa ser coronado; mas si deseas ser coronado, pelea varonilmente, sufre con paciencia. Sin

trabajo no se puede alcanzar el descanso, y sin pelear no se puede tener la victoria.

5 O, Señor, hazme posible por tu gracia, lo que me parece imposible por mi naturaleza. Tú sabes cuan poco puedo yo padecer, y que luego me derriba muy leve contradiccion. Séame por tu nombre amable, y deseable cualquier ejercicio de paciencia; porque el padecer, y ser atormentado por Ti, es gran salud para mi ánima.

Capítulo XX.

De la confesion de la propia flaqueza, y de las miserias de esta vida.

1 Confesaré mi injusticia, Señor: contra mí mismo confesarte, Señor, mi flaqueza. Pequeña cosa muchas veces

me derriba y entristece. Propongo de pelear varonilmente: mas en viendo una pequeña tentacion siento grande pena. Muy vil cosa es muchas veces, de donde me viene grave tentacion. Y cuando me juzgo por algo seguro, y temo menos, me hallo algunas veces casi vencido, y derribado de un soplo.

2 Mira, pues, Señor, mi bajeza, y mi fragilidad te es bien manifestada. Ten misericordia de mí, y sácame del lodo, porque no sea en él atollado, y quede desamparado del todo. Esto es lo que continuamente me coge, y pone en confusion delante de Ti, que tan deleznable y flaco soy, para resistir á las pasiones. Y cuando no me lleva del todo al consentimiento, oféndeme y agrávame mucho su perfec-

cion, y estoy muy descontento de vivir cada dia en este combate. De aqui conozco yo mi flaqueza; pues tan abominables imaginaciones, mas fácilmente vienen sobre mí, que se van.

3 Pluguiese á Ti, fortísimo Dios de Israel, zelador de las ánimas fieles, de mirar ya el trabajo y dolor de tu siervo, y estar con él en todo y por todo, donde quiera que fuere. Esfuérzame con fortaleza celestial, de modo que ni el hombre viejo, ni la carne miserable, aun no bien sujeta al espíritu, pueda señorearme, contra la cual conviene pelear en tanto que vivimos en este mundo lleno de miseria. Ay! Que tal es esta vida, donde nunca faltan tribulaciones y desgracias, donde todas las cosas estan llenas de lazos, y de

enemigos; porque en faltándonos una tribulacion, viene otra, y aun antes que se acabe el combate de una, sobrevienen otras muchas no pensadas.

4 Y ¿como puede ser amada una vida llena de tantas amarguras, sujeta á tantas calamidades y miserias? ¿Como se puede llamar vida, la que engendra tantas muertes y pestes? Y con todo esto vemos que es amada, y muchos la quieren para deleitarse en ella. Muchas veces decimos mal del mundo, que es engañoso y vano; mas aun no se deja fácilmente; porque los apetitos sensuales nos señorean mucho. Unas cosas nos incitan á amar al mundo, y otras á despreciarlo. Incítanos la sensualidad, la codicia y la soberbia de la vida; pero las penas, y

miserias que se siguen de estas cosas, causan aversion y enfado con el mismo mundo.

5. Mas ay! que vence el deleite al ánima, que está entregada al mundo, y tiene por gusto estar envuelta en espinas! Esto hace porque no ha visto, ni gustado la suavidad de Dios, ni el interior gozo de la virtud. Mas los que perfectamente desprecian al mundo, y estudian servir á Dios, en santa disciplina, saben que está prometida la divina dulzura á quien con verdad se renunciare, y ven mas claro cuan gravemente yerra el mundo, y de muchas maneras se engaña.

Capítulo XXI.
Solo se ha de descansar en Dios sobre todas las cosas.

1 Anima mia, descansa sobre todas las cosas siem-

pre en Dios, que es el eterno descanso de los santos. Concédeme Tú, dulcísimo y amantísimo Jesus, descansar en Ti sobre todas las cosas criadas: sobre toda la salud y hermosura: sobre toda la gloria y honra: sobre toda paciencia y dignidad: sobre toda ciencia y sutileza: sobre todas las riquezas y artes: sobre toda alegría y gozo: sobre toda fama y loor: sobre toda suavidad y consolacion: sobre toda esperanza y promesa: sobre todo merecimiento y deseo: sobre todos los dones y dádivas que puedes dar y enviar: sobre todo el gozo y dulzura que el ánima puede recibir y sentir: y en fin, sobre todos los Angeles y Arcángeles: y sobre todo el ejército del cielo: sobre todo lo visible é invisible: y sobre todo lo que Tú, Dios mio, no eres.

2 Porque Tú, Señor, Dios mio, eres bueno sobre todo: Tú solo altísimo: Tú solo potentísimo: Tú solo muy suficiente y muy lleno: Tú solo suavísimo y agradable: Tú solo hermosísimo y muy amoroso: Tú solo nobilísimo y muy glorioso sobre todas las cosas, en quien está todo bien perfectamente junto, estuvo y estará. Por eso es poco, y no satisface cualquier cosa que me das, ó revelas de Ti, ó prometes de Ti mismo, no teniéndote, ni poseyéndote cumplidamente; porque no puede mi corazon descansar del todo, y contentarse verdaderamente, si no descansa en Tí, trascendiendo todos los dones, y todo lo criado.

3 O esposo mio, amantísimo Jesucristo, amador pu-

rísimo, Señor de todas las criaturas! ¿Quien me dará plumas de verdadera libertad, para volar y descansar en Ti? ¿O cuando me será concedido ocuparme en Ti cumplidamente, y ver cuan suave eres, Señor Dios mio? ¿Cuando me recogeré del todo en Ti, que ni me sienta á mí por tu amor, sino á Ti solo sobre todo sentido y modo, y con modo no manifiesto á todos? pero ahora, muchas veces doy gemidos, y sufro mi infelicidad con dolor; porque me acaecen muchos males en este valle de miserias, los cuales me turban á menudo, me entristecen y anublan, muchas veces me impiden y distraen, halagan y embarazan porque no tenga libre la entrada á Ti, y goces de tus suaves abrazos, los cuales sin impedimento gozan los espíritus bienaventurados. Muévante mis suspiros, y la grande perdicion que hay en la tierra.

4 O Jesus! resplandor de la eterna gloria, consolacion del ánima, que anda peregrinando. Delante de Ti estan mi boca sin voz, y mi silencio te habla. ¿Hasta cuando tarda en venir mi Señor? Venga á mí, pobrecito, y lléneme de alegría. Extienda su mano, y libre á mí, miserable, de toda angustia. Ven, ven, que sin Ti ningun dia, ni hora estaré alegre; porque Tú eres mi gozo, y sin Ti está vacía mi mesa. Miserable soy, y como encarcelado y preso con grillos, hasta que Tú me recrees con la luz de tu presencia, y me pongas en libertad y muestres tu amable rostro.

5 Busquen otros lo que quisieren en lugar de Ti, que á mí ninguna otra cosa me

agrada, ni agradará sino Tú, Dios mio, esperanza mia, salud eterna. No callaré, ni cesaré de clamar á Ti, hasta que tu gracia vuelva, y Tú me hables en lo interior, diciendo:

6 Mira: aqui estoy, vesme ya aqui, pues me llamaste. Tus lágrimas, y el deseo de tu ánima, y tu humildad, y la contricion de tu corazon, me ha inclinado y traido á ti.

7 Y asi, yo diré: Señor, yo te llamé, y deseé gozarte, aparejado estoy á menospreciar todas las cosas por Ti, pero Tú primero me despertaste para que te buscase. Bendito seas, Señor, que hiciste con tu siervo este beneficio, segun la multitud de tu misericordia. ¿Que tiene mas que decir tu siervo delante de Ti, sino humillarse mucho en tu acatamiento, acordándose

siempre de su propia maldad y vileza? Porque no hay cosa semejante á Ti en todas las maravillas del cielo y en la tierra. Tus obras son perfectísimas, tus juicios verdaderos, y por tu providencia se rigen todas las cosas. Por eso toda alabanza y gloria sea tuya, ó Sabiduría del Padre! á Ti alabe y bendiga mi boca, mi ánima, y juntamente todo lo criado.

Capítulo XXII.

De la memoria de los innumerables beneficios de Dios.

1. Abre, Señor, mi corazon, y enséñame á andar en tus mandamientos. Concédeme que conozca tu voluntad; y con gran reverencia, y entera consideracion, tenga en la memoria tus beneficios, asi generales, como especiales,

para que pueda de aqui adelante darte dignamente las debidas gracias. Mas yo sé, y lo confieso, que no puedo darte alabanzas, y gracias, que debo por el mas pequeño de tus beneficios: yo menor soy, que todos los bienes que me has hecho; y cuando miro tu nobilísimo ser, desfallece mi espíritu por grandeza.

2 Todo lo que tenemos en el alma y en el cuerpo, y cuantas cosas poseemos en lo interior, ó en lo exterior, natural, ó sobrenaturalmente, son beneficios tuyos, y te engrandecen á Ti, como bienhechor, piadoso y bueno, de quien recibimos todos los bienes. Y aunque uno reciba mas que otro: todo es tuyo, y sin Ti no se puede alcanzar la menor cosa. El que mas reci-

be, no puede gloriarse de su merecimiento, ni estimarse sobre los demas, ni desdeñar al menor; porque aquel es mayor y mejor, que menos se atribuye á sí, y es mas humilde, devoto y agradecido. Y el que se tiene por mas vil que todos, y se juzga por mas indigno, está mas dispuesto para recibir mayores dones.

3 Mas el que recibió menos, no se debe entristecer, indignarse, ni tener envidia del que tiene mas; antes debe reverenciarte, y engrandecer sobre manera tu bondad, que tan copiosa y liberalmente, y con tan buena voluntad repartes tus beneficios sin aceptar persona. Todas las cosas proceden de Ti; y por eso en todo debes ser alabado. Tú sabes lo que conviene darse á cada uno. Y porque tiene

uno menos y otro mas, no conviene á nosotros discernirlo, sino á Ti, que sabes determinadamente los merecimientos de cada uno.

4 Por eso, Señor, Dios, tengo tambien por gran beneficio, no tener muchas cosas, de las cuales me alaben, y honren los hombres: de modo, que cualquiera que considerare la pobreza, y vileza de su persona, no solo recibirá agravio, ni tristeza, ni abatimiento, sino consuelo y grande alegría; porque Tú, Dios, escogiste para familiares tuyos, y domésticos de casa, los pobres, bajos y despreciados de este mundo. Testigos son de esto tus mismos Apóstoles, los cuales constituiste príncipes sobre toda la tierra. Mas se conservaron en el mundo tan sin que-

ja, y fueron tan humildes y sencillos, viviendo tan sin malicia, ni engaño, que se gozaban en sufrir injurias por tu nombre, y abrazaban con grande afecto lo que el mundo aborrece.

5 Por eso ninguna cosa debe alegrar tanto al que te ama, y reconoce tus beneficios, como tu santa voluntad, y el beneplácito de tu eterna disposicion; lo cual le ha de consolar de manera, que quiera tan de grado ser el menor de todos, como desearia otro ser el mayor; y asi tan pacífico y contento debe estar en el mas bajo lugar, como en el primero; y tan de buena gana llevar estar despreciado, y desechado, y no tener nombre y fama, como si fuese el mas honrado, y mayor del mundo; porque tu vo-

luntad, y el amor de mi honra ha de ser sobre todas las cosas; y mas se debe consolar y contentar una persona con esto, que con todos los beneficios recibidos, ó que puede recibir.

CAPITULO XXIII.

Cuatro cosas que causan gran paz.

Hijo, ahora te enseñaré el camino de la paz, y de la verdadera libertad.

2 Señor, haz lo que dices, que mucho me huelgo de oirlo.

3 Hijo, procura hacer antes la voluntad de otro, que la tuya. Escoge siempre tener menos que mas. Busca siempre el lugar mas bajo, y está sujeto á todos. Desea siempre, y pide á Dios que se cumpla en ti eternamente su divina voluntad.

de Cristo. Lib. III. 137

Este tal entrará en los términos de la paz y descanso.

4. Señor, este tu breve sermon, mucha perfeccion contiene en sí: pequeño es en las palabras, mas lleno de sentido, y de copioso fruto. Que si lo pudiese yo fielmente guardar, no había de sentir tan presto tanta turbacion. Porque cuantas veces me siento desasosegado y pesado, hallo que me aparto de esta doctrina. Mas Tú, que puedes todas las cosas, y siempre amas al provecho del ánima, acrecienta en mí mayor gracia, para que pueda cumplir tu palabra, y hacer lo que importa para mi salvacion.

Oracion contra los malos pensamientos.

Señor, Dios mio, no te alejes de mí: Dios mio, cuida

de ayudarme, que se han levantado contra mí malos pensamientos, y grandes temores que afligen mi ánima. ¿Como pasaré sin daño? ¿Como los desecharé?

6. Yo iré, dice Dios, delante de ti, y humillaré los soberbios de la tierra. Abriré las puertas de la cárcel, y revelaréte los secretos de las cosas escondidas.

7. Hazlo así, Señor, como lo dices; y huyan de tu presencia todos los malos pensamientos. Esta es mi esperanza, y singular consolacion, confiar en Ti, llamarte de todas mis entrañas, y esperar con paciencia.

Oracion para alumbrar el entendimiento.

8. Alúmbrame, buen Jesus, con la claridad de tu lumbre

interior, y quita de la morada de mi corazon toda oscuridad de tinieblas. Refrena mis muchas distracciones, y quebranta las tentaciones que me hacen violencia. Pelea fuertemente por mí, y ahuyenta las malas bestias, que son los apetitos halagüeños, para que se haga paz en tu virtud, y la abundancia de tu alabanza, y esté el santo palacio de la conciencia limpia. Manda á los vientos, y á la tempestad: dí al mar que sosiegue, y al cierzo que no corra, y todo se convertirá en gran bonanza.

9 Envia tu luz y tu verdad, que resplandezcan sobre la tierra; porque soy tierra vana, y vacía, hasta que Tú me alumbres. Derrama de lo alto tu gracia: ciega mi corazon con el rocío celestial: en-

caminame á las aguas de la devocion, para sazonar la haz de la tierra; porque produzca fruto bueno y perfecto. Levanta el ánimo oprimido con el peso de sus pecados, y emplea todo mi deseo en las cosas del cielo; porque despues de gustada la suavidad de la felicidad celestial, me desdeñe pensar en lo terrestre.

10 Retira y líbrame de toda transitoria consolacion de las criaturas; porque ninguna cosa criada basta para quietar, y consolar cumplidamente mi apetito. Uneme contigo con un vínculo inseparable, y con puro amor, porque Tú solo eres suficiente para el que te ama, y sin Ti todas las cosas son despreciables.

CAPÍTULO XXIV.

Cómo se ha de evitar la curiosidad de saber todas las vidas agenas.

1 Hijo, no quieras ser curioso, ni tener cuidados impertinentes. ¿Que te va á ti de esto ú de lo otro? Sígueme tú á mí. ¿Que te va á ti que aquel sea asi, ó de otra manera, ó que el otro hable, ó viva á su gusto? No te conviene á ti responder por otros: por ti solo has de dar razon. ¿Pues por que te entremetes tanto? Mira que Yo conozco á todos, veo cuanto se hace debajo del sol, y sé de qué manera está cada uno, qué piensa, qué quiere, y á qué fin mira su intencion. Por eso se deben encomendar á mí todas las cosas; mas tú consérvate en santa

paz, y deja al bullicioso hacer cuanto quisiere, sobre él vendrá lo que hiciere ó dijere, porque no me puede engañar.

2 No tengas cuidado de la autoridad y gran nombre, ni de la familiaridad de muchos, ni del amor particular de los hombres; porque esto causa grandes distracciones y tinieblas en el corazon. De buena gana te hablaria mi palabra, y te revelaría mis secretos si tú guardases con diligencia mi venida, y me abrieses la puerta del corazon. Mira que estés sobre aviso, y vela en oracion, y humíllate en todas las cosas.

Capítulo XXV.
En qué consiste la paz firme del corazon, y el verdadero aprovechamiento.

1 Hijo mio, Yo dije: la paz os dejo, mi paz os doy,

y no os la doy como el mundo la da. Todos desean la paz; mas no tienen todos cuidado de las cosas que pertenecen á la verdadera paz. Mi paz con los humildes y mansos de corazon está. Tu paz será en mucha paciencia. Si me oyeres y siguieres mi voz, podrás gozar de mucha paz.

2 Pues, Señor, ¿que haré?

3 Mira en todas las cosas, lo que haces, y lo que dices, y endereza toda tu intencion á este fin, que me agrades á Mí solo, y no desees ni busques cosa fuera de Mí. Pero tampoco no juzgues temerariamente de los hechos, ó dichos agenos; ni te entremetas en lo que no te han encomendado: con esto podrá ser que poco, ó tarde te turbes. Nunca sentir alguna tribulacion, ni sufrir alguna fatiga de cora-

zon, ó de cuerpo, no es de este siglo, sino del estado de la Bienaventuranza. Por eso no juzgues que has hallado la verdadera paz, si no sintiéredes alguna pesadumbre: ni ya será todo bueno si no tienes alguna adversaria: ni está la perfección en que todo te suceda según tú quieras: Ni entonces te reputes ser algo, ó digno de amor, si tuvieres gran devoción, y dulzura; porque en estas cosas no se conoce el verdadero amador de la virtud, ni consiste en ellas el provecho y perfección del hombre.

4 ¿Pues en qué, Señor?

5 En ofrecerte de todo corazón á la divina voluntad, no buscando tu interes en lo poco ni en lo mucho, ni en lo temporal ni en lo eterno: de manera, que con un rostro

igual des gracias á Dios en las cosas prósperas y adversas, pesándolo todo con un mismo peso. Si fueres tan fuerte y sufrido, y de tanta espera, que quitándote la consolacion interior, aun esté dispuesto tu corazon para sufrir mayores cosas, y no te justificares, diciendo, que no debias padecer tales ni tantas cosas, y me tuvieres por justo, y alabares por santo en todo lo que Yo ordenare, cree entonces que andas en el camino verdadero recto de la paz, y podrás tener esperanza cierta que verás mi rostro otra vez con mucha alegría. Y si llegares á menospreciarte del todo á tí mismo, sábete que entonces gozarás de abundancia de paz, segun la posibilidad de esta peregrinacion.

Capítulo XXVI.

De la excelencia del ánima libre, á la cual la humilde oracion mas merece, que la leccion.

1. Señor, esta obra es de varon perfecto, nunca aflojar la intencion de las cosas celestiales, y entre muchos cuidados pasar casi sin cuidado: no de la manera que suelen descuidar algunos por remision ó flojedad; mas por la excelencia de una voluntad libre sin algun desordenado afecto que tenga á criatura alguna.

2. Ruégote, piadosísimo Dios mio, que me apartes de los muchos cuidados de la vida para que no me embarace en ellos: prevenme tambien con tu gracia en las muchas necesidades del cuerpo para

que no sea cautivo del deleite: ayúdame asimismo en los muchos impedimentos del alma, para que quebrantado con tantas molestias, no caiga de mi estado, no hablando de las cosas que la vanidad mundana desea con tanto afecto; mas de aquellas miserias que penosamente agravan al ánima de tu siervo, con la comun maldicion de mortalidad, y lá detienen que no pueda entrar en la libertad del espíritu cuantas veces quisiere.

3 ¡O Dios mio, dulzura inefable! Conviérteme en amargura todo consuelo carnal que me apárta del amor de la eternidad, y me trae asi para perderme con sola una señal de algun bien presente deleitable. ¡O Dios mio! No me venza la carne y la sangre: no me engañe el mundo, y su-

breve gloria: no me derribe el demonio y su astucia. Dame fortaleza para resistir: paciencia para sufrir: constancia para perseverar. Dame por todas las consolaciones del mundo la suavísima uncion de tu Espíritu: y por el amor carnal infunde en mi ánima el amor de tu santo nombre.

4 Muy grave cosa es el espíritu fervoroso, el comer, y el beber, y el vestir, y todo lo demas que pertenece al sustento del cuerpo: concédeme usar de todo lo necesario templadamente, y que no me ocupe en ello con sobrado afecto. No es cosa lícita dejarlo todo, porque se ha de sustentar la humana naturaleza: mas buscar lo superfluo, y lo que mas deleita, la ley santa lo defiende; porque de otra suerte la carne se levantará contra el es-

píritu. Ruégote, Señor, que me rija y enseñe tu mano en estas cosas, para que en ellas tenga el medio, y no exceda.

Capítulo XXVII.

El amor propio nos estorba mucho el bien eterno.

1 Hijo, conviene dar lo todo por el todo, y no ser nada en ti mismo. Sabe que el amor propio te daña mas que todo el mundo. Cuanto es el amor y aficion que tienes, tanto se apegan las cosas mas ó menos. Si tu amor fuere puro, sencillo y bien ordenado, estarás libre de todas las cosas. No codicies lo que no te conviene tener, ni quieras tener cosa que te pueda impedir y quitar la libertad interior. Maravilla es que no te enco-

miendes á mi de lo profundo de tu corazon, con todo lo que puedes tener ó desear.

2 ¿Por que te consumes con vana tristeza? ¿Por que te fatigas con superfluos cuidados? Está á mi voluntad, y no sentirás daño alguno. Si buscas esto ó aquello, y quisieres estar aqui ó alli por tu provecho y propia voluntad, nunca tendrás quietud, ni estarás libre de cuidados, porque en todas las cosas hay alguna falta, y en cada lugar habrá quien te ofenda.

3 Y asi, no cualquier cosa alcanzada, ó multiplicada aprovecha; mas la despreciada, y arrancada del corazon de raiz. No entiendas eso solamente de las posesiones y de las riquezas; pero tambien de la ambicion de la honra, y deseo de vanagloria: todo lo cual

pasa en el mundo. Poco hace el lugar si falta el fervor de espíritu: ni durará mucho la paz buscada por defuera si falta el verdadero fundamento, y la virtud del corazon; quiero decir, si no estuvieres en mí. Bien te puedes mudar; mas no mejorar; porque llegando la ocasion, hallarás lo mismo que huias, aun mucho mas.

Oracion para limpiar el corazon, y para la sabiduría celestial.

4 Confírmame, Señor Dios, por la gracia del Espíritu Santo. Dame esfuerzo para fortalecer al hombre interior, y desocupar mi corazon de toda inútil solicitud y congoja para que no me lleven tras sí tan varios deseos por cualquier cosa útil, ó preciosa, sino que las mire todas co-

mo transitorias, y á mí mismo que paso con ellas; porque no hay cosa que permanezca debajo del sol, adonde todo es vanidad, y afliccion de espíritu. ¡O cuan sabio es el que asi lo piensa!

3 Señor, concédeme la sabiduría celestial para que aprenda á buscarte y hallarte sobre todas las cosas, gustarte y amarte sobre todo: y entender todo lo demas como es, segun la órden de tu sabiduría. Concédeme prudencia para desviarme del lisonjero, y sufrir con paciencia el adversario; porque esta es muy gran sabiduría, no moverse con cada viento de palabras á dar los oidos á la sirena que perniciosamente halaga; porque asi se anda con seguridad el camino comenzado.

Capítulo XXVIII.

Contra las lenguas de los maldicientes.

1 Hijo, no te enojes si algunos tuvieren mala opinion y crédito de ti, y te dijeren lo que no quieras oir: tú debes sentir de ti peores cosas, y tenerte por el mas flaco de todos. Si andas dentro de ti, no pesarán mucho las palabras que vuelan. Gran discrecion es callar en este tiempo, y convertirse á mí de corazon, y no turbarse por el jucio humano.

2 No sea tu paz en la boca de los hombres; que si echaren las cosas á bien ó á mal, no serás por eso diferente del que eres. ¿Adónde está la verdadera paz, y la verdadera gloria, sino en mí? Y el que no desea contentar á los hombres, ni teme

desagradarlos, gozará de mucha paz. Del desordenado amor, y vano temor nace todo desasosiego del corazon, y toda distraccion de sentidos.

Capítulo XXIX.

Cómo debemos rogar á Dios, y bendecirle en el tiempo de la tribulacion.

1. Señor, sea tu nombre para siempre bendito, que quisiste que viniese sobre mí esta tentacion y trabajo. Y no puedo huirla; mas tengo necesidad de recurrir á Ti para que me ayudes, y me la conviertas en mi provecho. Señor, ahora estoy atribulado, y no le va bien á mi corazon: atorméntame mucho esta pasion. Padre amado, ¿que diré? Presto estoy, y rodeado de grandes angustias. Sálvame en esta hora;

mas he llegado á este trance para que seas Tú glorificado cuando yo estuviere muy humillado, y fuere socorrido de Ti. Plégate, Señor, de librarme; porque yo, pobre, ¿que puedo hacer, y adonde iré sin Ti? Dame paciencia, Señor, tambien esta vez. Ayúdame, Dios mio, y no temeré, por mas atribulado que me halle.

2 Y ahora entre otras congojas, ¿que diré, Señor? Que se haga tu voluntad. Yo bien merecido tengo ser atribulado y angustiado. Aun me conviene sufrir, y ojalá con paciencia hasta que pase la tempestad, y haya bonanza. Pues poderosa es tu mano omnipotente para quitar de mí esta tentacion, y amansar tu furor, porque del todo no caiga: asi como antes lo has hecho muchas veces conmigo, Dios mio,

misericordia mia. Y cuanto á mí es mas dificultoso, tanto es á Ti mas fácil esta mudanza de la diestra del muy alto.

Capítulo XXX.

Cómo se ha de pedir el favor divino, y de la confianza de cobrar la gracia.

1 Hijo, Yo soy el Señor que esfuerzo en el dia de la tribulacion. Vente á Mí cuando no te hallares bien. Lo que mas impide la consolacion celestial es, que muy tarde vuelves á la oracion; porque antes que estés delante de Mí con atencion, buscas muchas consolaciones, y te recreas en lo exterior. De aqui viene, que todo te aprovecha poco hasta que conozcas que Yo soy el que libro á los que esperan en Mí, y fuera de

Mí no hay duda que valga, ni consejo provechoso, ni remedio durable. Mas cobrado ya aliento, despues de la tempestad, esfuérzate en la luz de las misericordias mias; porque cerca estoy, dice el Señor, para reparar todo lo perdido, no sólo complida, mas abundante y colmadamente.

2. ¿Por ventura hay cosa dificil para Mí? ¿O seré Yo como el que dice, y no hace? ¿Adonde está tu fe? Está firme y persevera: está constante y esforzado: el consuelo en su tiempo vendrá. Espérame, espera, Yo vendré, y te curaré. La tentacion es la que te atormenta, y el vano temor te espanta. ¿Que aprovecha tener cuidado de lo que está por venir, sino para tener tristeza sobre tristeza? Bástale al dia su trabajo. Vana cosa es,

y sin provecho entristecerse ó alegrarse de lo venidero, que quizá nunca acaecerá.

3 Cosa humana es ser engañado con tales imaginaciones; y tambien es señal de poco ánimo dejarse burlar tan ligeramente del enemigo; el cual no cuida que sea verdadero ó falso aquello con que nos burla ó engaña: ó si derribará con amor de lo presente, ó con temor de lo por venir. Pues no se turbe tu corazon, ni tema; cree en Mí, y ten mucha confianza en mi misericordia. Cuando tú piensas estar mas lejos de Mí, estoy Yo muchas veces mas cerca de ti. Y cuando tú piensas que está todo casi perdido, entonces muchas veces está cerca la ganancia de merecer. No está todo perdido cuando alguna cosa te sucede contraria. No debes juz-

gar como sientes al presente, no embarazarte ni congojarte con cualquier contrariedad que te venga, como que no hubiese esperanza de remedio.

4 No te tengas por desamparado del todo, aunque te envie á tiempos alguna tribulacion, ó te prive del consuelo que deseas; porque de este modo se pasa al reino de los cielos: y esto sin duda te conviene mas á ti y á todos mis siervos que se exciten en adversidades, que si todo sucediese á su gusto y sabor. Yo conozco los pensamientos escondidos; porque conviene para tu salud que algunas veces te deje desconsolado: porque podrá ser que alguna vez te ensoberbecieses en lo que te sucediese bien, y te complacieses en ti mismo por lo que no eres. Lo que Yo te dí, te lo puedo quitar

y tomártelo cuando quisiere.

5 Cuando te lo diere, mio es: cuando te lo quitare, no tomo cosa tuya, que mia es cualquier dádiva buena y todo perfecto don. Si te enviare alguna pesadumbre, ó cualquier contrariedad, no te indignes, ni se descaezca tu corazon: luego te puedo Yo levantar, y mudar cualquier pena en gozo. Justo soy Yo, y muy digno de ser alabado por hacerlo asi contigo.

6 Si algo sabes, y lo miras con los ojos de la verdad, nunca te debes entristecer, ni descaecer tanto por las adversidades; sino antes holgarte mas, y agradecerlo, y tener por principal alegría, que afligiéndote con dolores, no te dejo pasar sin castigo. Asi como me amó el Padre, Yo os amo, dije á mis amados Discípulos:

los cuales no cavié á gozos temporales, sino á grandes peleas: no á honras, sino á desprecios; no á ocio, sino á trabajos: no al descanso, sino á recoger grandes frutos de paciencia. Hijo mio, acuérdate de estas palabras.

CAPÍTULO XXXI.

Hase de despreciar toda criatura, para que se pueda hallar al Criador.

1. Señor, necesaria me es mayor gracia si tengo de llegar adonde ninguna criatura me puede impedir; porque mientras que alguna cosa me detiene, no puedo volar á Ti libremente. Aquel deseaba libremente volar, que decia: ¿quién me dará plumas como de paloma, y volaré, y descansaré? ¿Que cosa hay más

quieta que la intencion pura? ¿Y que cosa hay en el mundo mas libre, que quien no desea nada? Por eso conviene levantarse sobre todo lo criado, y desampararse totalmente á sí mismo, y estar en lo mas alto del entendimiento, y verte á Ti, Criador de todo, que no tienes semejanza alguna con las criaturas: y el que no se desocupare de lo criado, no podrá libremente entender en lo divino: y por esto se hallan pocos contemplativos, porque son rarísimos los que saben desasirse del todo de las criaturas y de todo lo perecedero.

2 Para eso es menester gran gracia que levante el ánima y la suba sobre sí misma; pero si no fuere el hombre levantado en espíritu, y libre de todo lo criado, y todo unido á Dios, poco es cuanto sabe, y

de poca estima es cuanto tiene. Mucho tiempo se quedará niño y terreno el que estima alguna cosa por grande, sino solo el único, inmenso y eterno bien. Y lo que Dios no es, nada es, y por nada se debe contar. Por cierto gran diferencia hay entre la sabiduría del hombre ilustrado y devoto, y la licencia del estudioso letrado. Mucho mas noble es la doctrina que mana de arriba, de la influencia divina, que la que se alcanza con trabajo por el ingenio humano.

3. Muchos se hallan que desean la contemplacion; mas no estudian de ejercitar las cosas que para ella se requieren. Hay tambien otro grandísimo impedimento y es, que estan muy puestos los hombes en las señales, y en las cosas sensibles, y tienen muy poco

de la perfecta mortificacion.
¡No sé qué es, ni qué espíritu nos lleva, ni qué esperamos los que somos llamados espirituales, que tanto trabajo y cuidado ponemos por las cosas transitorias y viles, y con dificultad muy tarde nos recogemos de todo á considerar nuestro interior!

¡Ay dolor! Que al momento que nos habemos un poquito recogido, nos salimos afuera, y no ponderamos nuestras obras con estrecho exámen. No miramos adonde se hunden nuestras aficiones, ni lloramos cuán manchadas están todas nuestras cosas. Toda carne habia corrompido su carrera, y por eso se siguió el gran diluvio: porque como nuestro afecto interior esté corrompido, es necesario que la obra siguiente (que es señal de la privacion de la virtud interior) tambien se corrompa. Del corazon puro procede el fruto de la buena vida.

5 Miramos cuanto hace cada uno; mas no pensamos de cuanta virtud procede. Con gran diligencia se inquiere si alguno es valiente, rico, hermoso, dispuesto, ó buen escribano, buen cantor, buen oficial: cuán pobre sea de espíritu, cuán paciente y manso, cuán devoto y recogido, poco se platica. La naturaleza mira las cosas exteriores del hombre; mas la gracia se ocupa en lo interior: aquella muchas veces se engaña; esta pone su esperanza en Dios, porque no sea engañada.

Capítulo XXXII.

Cómo debe el hombre negarse á sí mismo, y evitar toda codicia.

1. Hijo, no puedes poseer la libertad perfecta, si no te niegas del todo á ti mismo. En prisiones están todos los propietarios y amadores de sí mismos, los codiciosos, ociosos y vagamundos, que buscan continuamente las cosas de gusto, y no las que son de Jesucristo; antes componen é inventan muchas veces lo que no ha de permanecer, porque todo lo que no procede de Dios, perecerá. Imprime en tu alma esta breve y perfectísima palabra: déjalo todo, y hallarlo has todo: deja la codicia y hallarás sosiego. Trata esto en tu pensamiento; y cuando lo cum-

plieres, lo entenderás todo.

2. Señor, no es esta obra de un dia, ni juego de niños; antes en esta suma se encierra toda la perfeccion religiosa.

3. Hijo, no debes volver atras, ni caerte luego en oyendo el camino de los perfectos; antes debes esforzarte para cosas mas altas, ó á lo menos aspirar á ellas con vivo deseo. ¡O si hubieses llegado á tanto, que no fueses amador de ti mismo, y estuvieses puesto puramente en obedecer á mi voluntad y á la del prelado que Yo te he dado! Entonces me agradarias mucho, y pasarias tu vida en gozo y paz: aun tienes muchas cosillas que debes dejar, que si no las renuncias enteramente, no alcanzarás lo que pides. Yo te aconsejo que compres de mi oro acendrado, para que seas rico, que es

la sabiduría celestial, que huella todo lo bajo. Desprecia la sabiduría terrena, y el contento humano y el tuyo propio.

4 Yo te dije que se deben comprar las cosas mas viles con las preciosas y altas, al parecer humano; porque muy vil y pequeña, y casi olvidada, parecerá la verdadera sabiduría, que no sabe grandezas de sí, ni quiere ser engrandecida en la tierra, la cual está en la boca de muchos; mas en la vida andan muy apartados de ella, siendo ella una perla preciosísima, escondida á los mas.

Capítulo XXXIII.

De la mudanza del corazon, y en qué debemos tener nuestras intenciones.

1 Hijo, no quieras creer á tu deseo, que lo que ahora de-

seas, presto se te mudará. Mientras vivieres estas sujeto á mudanzas, aunque no quieras; porque ahora te hallarás alegre, ahora triste, ahora sosegado, ahora turbado, ahora devoto, ahora indevoto; ya estudioso, ya perezoso; ahora pesado, ahora ligero. Mas sobre estas mudanzas está el sabio bien industriado en el espíritu: no mirando lo que siente, ni de que parte sopla el viento de la mudanza, sino que toda la intencion de su espíritu le encamine, y ayude al debido y deseado fin: porque asi podrá él mismo quedar sin lesion en tan varios casos, enderezando á mí sin cesar la mira de su sencilla intencion.

2 Y cuanto mas pura fuere, tanto estará mas constante entre la diversidad de tantas tempestades; pero en muchas

cosas se oscurecen los ojos de la pura intencion; porque se mira lo deleitable que se ofrece, y tarde se halla alguno totalmente libre de su propio interes. Asi tambien los judíos en el tiempo pasado vinieron á Betania á visitar á María y á Marta, no solo por Jesus, mas tambien para ver á Lázaro. Débense, pues, limpiar los ojos de la tentacion para que sea sencilla y recta, y se enderece á mí, sin detenerse en los medios.

CAPÍTULO XXXIV.

Como el que ama es Dios, muy sabroso en todo y sobre todo.

1 ¡O mi Dios, y todas las cosas! ¿Que quiero mas, y qué mayor bienaventuranza puedo yo desear? ¡O sabrosa y dulcísima palabra! Mas pa-

ra el que ama á Dios, y no al mundo, ni á lo que en él está! ¡Dios mio, y todas las cosas! Al que entiende, basta lo dicho; y repetirlo muchas veces es cosa de grande alegría al que ama; porque estando Tú presente, todo es alegría, y estando Tú ausente, todo es enojo. Tú haces el corazon quieto, y das gran paz, y mucha alegría: Tú haces sentir bien de todo, y que te alaben todas las cosas: no puede cosa alguna deleitar mucho tiempo sin Ti; pero si ha de agradar, y gustarse de veras, conviene que tu gracia la asista, y tu sabiduría la sazone.

2. A quien eres sabroso, ¿que no le sabrá bien? Y quien de Ti no gusta, ¿que le podrá agradar? Mas los sabios del mundo faltan en tu sabiduría, y los carnales tambien; porque

en los unos se halla mucha vanidad, y en los otros la muerte. Mas los que te siguen con desprecio del mundo, mortificando su carne, estos son sabios verdaderos, porque pasan de la vanidad á la verdad, y de la carne al espíritu. A estos tales es Dios sabroso, y cuanto bien hallan en las criaturas, todo lo refieren á honra y gloria de su Criador: pues diferente es, sobremanera, el sabor del Criador, y el de la criatura: de la eternidad y del tiempo: de la luz increada, y de la luz creada.

3 ¡O luz perpetua, que está sobre toda luz creada! Envía desde lo alto tal resplandor, que penetre todo lo secreto de mi corazon: limpia, alegra, clarifica y vivifica mi espíritu con todas sus potencias, para que se una contigo con júbilo de mi alma, y retiro de los senti-

dos. ¡O cuando vendrá esta bendita y deseada hora, para que Tú me hartes con tu presencia, y me seas todo en todas las cosas! Entre tanto que esto no se me diere, no tendré cumplido gozo. Mas ¡ay dolor! que vive aun el hombre viejo en mí, y no está todo crucificado, ni está del todo muerto; aun codicia contra el espíritu, y mueve guerras interiores, y no consiente estar en quietud el reino del ánima.

4 Mas Tú, que señoreas el poderío del mar, y amansas el movimiento de sus ondas, levántame y ayúdame. Destruye las gentes que buscan guerras, quebrántalas con tu virtud. Ruégote que muestres tus maravillas, y que sea glorificada tu diestra, porque no tengo otra esperanza, ni otro refugio, sino á Tí, Señor Dios mio.

Capítulo XXXV.

En esta vida no hay seguridad de carecer de tentaciones.

1 Hijo, nunca estas seguro en esta vida, porque mientras que vivieres, tienes necesidad de armas espirituales: entre enemigos andas, por todas partes te combaten. Por eso, si no te vales diestramente del escudo de la paciencia en todas las ocasiones, no estarás mucho tiempo sin herida. Demas de esto, si no pones tu corazon fijo en mí, con pura voluntad de sufrir por mí todo cuanto viniere, no podrás pasar esta recia batalla, ni allegar á la victoria de los bienaventurados. Conviénete, pues, romper varonilmente con todo, y pelear con mucho esfuerzo contra cuanto vinie-

re; porque al vencedor se da el maná, y al perezoso le aguarda mucha miseria.

2 Si buscas holgarte en esta vida, ¿como hallarás la eterna bienaventuranza? No procures mucho descanso, mas ten mucha paciencia. Busca la verdadera paz, no en la tierra, sino en el cielo: no en los hombres, ni en las demas criaturas, mas en Dios solo; por cuyo amor debes aceptar de buena gana todas las cosas adversas, como son trabajos, dolores, tentaciones, vejaciones, congojas, necesidades, dolencias, injurias, murmuraciones, reprensiones, humillaciones, confusiones, correcciones y menosprecios. Estas cosas aprovechan para la virtud: estas cosas prueban al nuevo caballero de Cristo: estas cosas fabrican la corona

en el cielo. Yo daré eterno galardon, por breve trabajo: infinita gloria por la confusion que presto se pasa.

3 ¿Piensas tú tener siempre consolaciones espirituales al sabor de tu paladar? Mis santos no siempre las tuvieron, sino muchas pesadumbres, diversas tentaciones, y grandes desconsuelos. Pero las sufrieron todas con paciencia, y confiaron mas en Dios, que en sí; porque sabian que no son equivalentes todas las penas de esta vida, para merecer la gloria venidera. ¿Quieres tú hallar luego lo que muchos despues de copiosas lágrimas y trabajos, con dificultad alcanzaron? Espera en el Señor, y trabaja varonilmente: esfuérzate, no desconfies, no huyas; mas ofrece tu cuerpo, y tu ánima por la

gloria de Dios con gran constancia. Yo te lo pagaré muy cumplidamente. Yo seré contigo en toda tribulacion.

Capítulo XXXVI.

Contra los vanos juicios de los hombres.

1 Hijo, pon tu corazon fijamente en Dios, y no temas los juicios humanos, cuando la conciencia no te acusa. Bueno es, y dicha tambien padecer de esta suerte; y esto no es grave al corazon humilde que confia mas en Dios que en sí mismo. Los mas hablan demasiadamente, y por eso se les debe dar poco crédito; y tambien satisfacer á todos no es posible. Aunque San Pablo trabajó en contentar á todos en el Señor, y se hizo en todo conforme con todos, toda-

vía no tuvo en nada el ser juzgado del mundo.

2. Mucho hizo por la salud y edificacion de los otros, trabajando cuanto pudo, y en sí era; pero no se pudo librar de que no le juzgasen, y despreciasen algunas veces. Por eso lo encomendó todo á Dios, que sabe la verdad de las cosas, y con paciencia y humildad se defendia de las malas lenguas, y de los que piensan maldades y mentiras, y las dicen como se les antoja. Mas tambien respondió algunas veces, porque no se escandalicen algunos flacos en verle callar.

3. ¿Quien eres tú, para que temas al hombre mortal? Hoy es, y mañana no parece. Teme á Dios, y no te espantes de los hombres. ¿Que te puede hacer el hombre con palabras, ó injurias? A sí se daña mas que á

ti; y cualquiera que sea, no podrá huir el juicio de Dios. Tú pon á Dios delante de tus ojos, y no contiendas con palabras de queja. Y si te parece que al presente sufres confusion, ó vergüenza sin merecerlo, no te indignes por eso; ni disminuyas tu corona con impaciencia; mas mírame á mí en el cielo, que puedo librar de toda confusion é injuria, y daré á cada uno segun sus obras.

CAPÍTULO XXXVII.

De la total renunciacion de sí mismo para alcanzar la libertad del corazon.

1 Hijo, déjate á ti, y hallarme has á mí: no quieras escoger, ni te apropies cosa alguna, y siempre ganarás; porque negándote de verdad, sin tornarte á tomar, te se-

rá acrecentada mayor gloria.

2 Señor, ¿cuantas veces me negaré, y en qué cosas me dejaré?

3 Siempre, y cada hora, asi en lo poco, como en lo mucho. Ninguna cosa saco, mas en todo te quiero hallar desnudo; porque de otro modo, ¿como podrás ser mio, y yo tuyo, si no te despojas de toda voluntad interior y exteriormente? Cuanto mas presto hicieres esto, tanto mejor te irá; y cuanto mas pura y cumplidamente, tanto mas me agradarás, y mucho mas ganarás.

4 Algunos se renuncian, mas con alguna condicion, que no confian en Dios del todo, y por eso trabajan en mirar por sí. Tambien algunos al principio lo ofrecen todo; pero despues, combatidos de alguna tentacion, se tornan á sus

comodidades, y por eso no aprovechan en la virtud. Estos nunca llegarán á la verdadera libertad del corazon puro, ni á la gracia de mi suave familiaridad, si no se renuncian antes del todo, haciendo cada dia sacrificios de sí mismos, sin el cual no estan, ni estarán en la union con que se goza de mí.

5 Muchas veces te dije, y ahora te lo vuelvo á decir: déjate á ti, renúnciate, y gozarás de una gran paz interior. Dalo todo por el todo, no busques nada: está puramente sin dudar en mí, y poseerme has: estarás libre en el corazon, y no te hallarán las tinieblas. Esfuérzate para esto, ruega á Dios por esto, y esto desea, que puedes despojarte de todo propio amor, y desnudo seguir al desnudo Jesus, morir á ti mismo, y vivir á mí.

eternamente. Entonces huirás todas las vanas imaginaciones, y los superfluos cuidados. También se ausentará entonces el temor demasiado, y el amor desordenado morirá.

Capítulo XXXVIII.

Del buen regimiento en las cosas exteriores, y del recurso á Dios en los peligros.

Hijo, con diligencia debes mirar, que en cualquier lugar, y en toda ocupacion exterior estes muy dentro de ti, libre y señor de ti mismo, y que tengas todas las cosas debajo de ti, y no estes sujeto á ninguna cosa; porque seas señor de tus obras, no siervo, ni esclavo comprado, sino que verdaderamente pases á gozar de la suerte, y libertad de los hijos de Dios, los cuales tienen debajo de sí las cosas presentes, y contemplan las eternas: miran lo transitorio con el ojo izquierdo, y con el derecho lo celestial: á los cuales no atraen las cosas temporales para estar asidos á ellas, antes ellos las atraen mas, para servirse bien de ellas, segun estan de Dios ordenadas, é instruidas del muy alto, que no hizo cosa en lo criado sin órden.

2. Si en cualquier cosa que te acaeciere estás firme, y no juzgas de ella segun la apariencia exterior, ni miras con la vista del sentido lo que oyes y ves, antes luego en cualquier cosa entras á lo interior, como Moises en el Tabernáculo, á pedir consejo al Señor, oirás algunas veces la respuesta divina, y quedarás instruido de muchas cosas presentes, y por

venir. Siempre tuvo Moises recurso al Tabernáculo, para determinar las dudas, y lo que no sabia: y tomó el remedio de la oracion para librar de peligros y maldades á los hombres. Asi debes tú huir, y entrarte en el secreto de tu corazon, pidiendo con eficacia el socorro divino. Por eso se lee, que Josué y los hijos de Israel fueron engañados de los gabaonitas, porque no consultaron primero con el Señor; mas creyendo de presto las blandas palabras, fueron con falsa piedad engañados.

Capítulo XXXIX.

No sea uno importuno en los negocios.

1. Hijo, encomiéndame siempre tus negocios, y Yo los dispondré bien á su tiem-

po. Espera mi ordenacion, y sentirás gran provecho.

2 Señor, muy de grado te ofrezco todas las cosas; porque poco puede aprovechar mi cuidado. Pluguiese á Ti, que no me ocupase en los sucesos que me pueden venir; mas me ofreciese sin tardanza á tu voluntad.

3 Hijo, muchas veces negocia el hombre lo que desea; mas cuando ya lo alcanza, tiene otro parecer; porque las aficiones no duran mucho cerca de una misma cosa, de una nos llevan á otra. Por lo cual no es poco dejarse tambien á sí en lo poco.

4 El verdadero aprovechar es negarse á sí mismo: y el hombre, negado á sí, es muy libre, y está seguro. Mas el enemigo antiguo, y adversario de todos los buenos no cesa de

tentar; mas de dia y de noche pone iguales asechanzas para prender, si pudiere, con lazos de engaño á algun descuidado. Por eso velad y orad, dice el Señor, porque no caigais en la tentacion.

Capítulo XL.

No tiene el hombre ningun bien de sí, ni tiene de que alabarse.

1 Señor, ¿que es el hombre, para que te acuerdes de él? ¿Ó el hijo del hombre para que lo visites? ¿Que ha merecido el hombre para que le dieses tu gracia? Señor, ¿de que me puedo quejar, si me desamparas? ¿Ó como justamente podré contender contigo, si no hicieres lo que pido? Por cierto una cosa puedo yo pensar, y decir con verdad:

nada soy, Señor, no puedo nada: ninguna cosa tengo buena de mí; mas en todo estoy falto, y voy siempre á nada. Y si no soy ayudado de Tí, é informado interiormente, todo me hago torpe y disoluto.

2. Mas Tú, Señor, eres uno mismo, y permaneces para siempre: siempre eres bueno, justo y santo: todas las cosas haces bien y justamente, y las ordenas con tu sabiduría. Mas yo, que soy mas inclinado á caer, que á aprovechar, no soy durable siempre en un estado, porque se mudan siete tiempos sobre mí. Pero luego me va mejor, cuando te pluguiere, y extendieres tu mano para ayudarme, porque Tú solo, sin humano favor, me puedes socorrer, y confirmarme de manera, que no se mude mas mi rostro, mas á Ti solo

se convierta, y en Ti descanse mi corazon.

3 Por lo cual, si yo supiese bien desechar toda consolacion humana, ora sea por alcanzar devocion, ó por la necesidad que tengo de buscarte, porque no hay hombre que me consuele; con razon podria yo esperar en tu gracia, y alegrarme con el don de la nueva consolacion.

4 Muchas gracias sean dadas á Ti, Señor mio, de quien viene todo, siempre que me sucede algun bien. Yo, vanidad soy, y nada delante de Ti: hombre mudable y enfermo. ¿De donde, pues, me puedo gloriar, ó por qué deseo ser estimado? ¿Por ventura de lo que es nada? Y esto es vanísimo. Por cierto la vanagloria es una mala pestilencia, y grandísima vanidad; porque nos

aparta de la verdadera gloria, y nos despoja de la gracia celestial; porque contentándose un hombre á sí mismo, te descontenta á ti: cuando desea las alabanzas humanas, es privado de las virtudes verdaderas.

5. Gloria verdadera y alegría santa es gloriarse en Ti, y no en sí: gozarte en tu nombre, y no en su propia virtud, ni deleitarse en criatura alguna, sino por Ti: sea alabado tu nombre, y no el mio: engrandecidas sean tus obras, y no las mias: alabado sea tu santo nombre, y no me sea á mí atribuida cosa alguna de los hombres. Tú eres mi gloria: Tú alegría de mi corazon. En Ti me glorificaré y ensalzaré todos los dias: mas de mi parte no hay de qué, sino en mis flaquezas.

6. Busquen los hombres la

honra de entre sí mismos: yo buscaré la gloria que es de solo Dios; porque toda la gloria humana, toda honra temporal, toda la alteza del mundo comparada con la eterna gloria, es vanidad y locura. ¡O verdad mia, y misericordia mia, Dios mio, Trinidad bienaventurada, á Ti sola sea alabanza, honra, virtud y gloria para siempre jamas!

Capítulo XLI.

Del desprecio de toda honra temporal.

1 Hijo, no te pese si vieres honrar y ensalzar á otros, y tú ser despreciado y abatido. Levanta tu corazon á Mí en el cielo, y no te entristecerá el desprecio humano en la tierra.

2 Señor, en gran cegue-

dad estamos, y la vanidad muy presto nos engaña. Si bien me miro, nunca se me ha hecho injuria por criatura alguna; por esto no tengo de qué quejarme justamente de Ti. Mas porque yo muchas veces pequé gravemente contra Ti, con razon se arman contra mí todas las criaturas. Justamente pues me viene la confusion y desprecio; y á Ti, Señor, la alabanza, honra y gloria. Y si no me dispusiere hasta tanto que huelgue mucho ser de cualquier criatura despreciado y desamparado, y del todo parecer nada, no podré estar con paz y constancia en lo interior, ni ser alumbrado espiritualmente, ni unido á Ti perfectamente.

Capítulo XLII.

No se debe poner la paz en los hombres.

1 Hijo, si pones tu paz en alguno por tu parecer, y por conversar con él, sin quietud estarás y sin sosiego. Mas si vas á buscar la verdad que siempre vive y permanece, no te entristecerás por el amigo que se fuere ó se muriere. En Mí ha de estar el amor del amigo, y por Mí se debe amar cualquiera que en esta vida te parece bueno y muy amable. Sin Mí no vale nada, ni durará la amistad, ni es verdadero, ni limpio el amor que Yo no compongo. Tan muerto debes estar á las aficiones de los amigos, que habias de desear (por lo que á ti te toca) estar solo del to-

do. Tanto se acerca el hombre á Dios, cuanto se desvía de todo gusto humano: y tanto mas alto sube á Dios, cuanto mas bajo desciende en sí y se tiene por mas vil.

2 El que se atribuye á sí mismo algo bueno, impide la venida de la gracia de Dios en sí; porque la gracia del Espíritu Santo siempre busca el corazon humilde. Si te supieses perfectamente apocar y vaciar de todo amor criado, Yo entonces manaria en ti abundantes gracias. Cuando tú miras á las criaturas, apartas la vista del Criador. Aprende á vencer á todo por el Criador, y entonces podrás llegar al conocimiento divino. Cualquier cosa, por pequeña que sea, ó si se ama ó se mira desordenadamente, nos estorba gozar del sumo Bien, y nos daña

Capítulo XLIII.

Contra las licencias vanas.

1 Hijo, no te muevan los dichos agudos y limados de los hombres, porque no está el reino de Dios en palabras, sino en virtud. Mira mis palabras que encienden los corazones, y alumbran las ánimas, provocan á contricion, y traen muchas consolaciones. Nunca leas cosas para mostrarte mas letrado ó sabio. Estudia en mortificar los vicios; porque mas te aprovechará, que saber muchas cuestiones dificultosas.

2 Cuando hubieres acabado de leer y saber muchas cosas, á un principio te conviene venir. Yo soy el que enseño al hombre la ciencia, y doy mas claro entendimiento

á los pequeños, que ningun hombre puede enseñar. Al que Yo hablo, luego será sabio, y aprovechará en el espíritu. ¡Ay de aquellos que quieren aprender de los hombres curiosidades, y cuidan muy poco del camino de servirme á Mí! Tiempo vendrá, cuando aparecerá el Maestro de los maestros, Cristo, Señor de los Angeles, á oir las lecciones de todos, que será examinar las conciencias de cada uno, y entonces escudriñará á Jerusalen con candelas, y serán descubiertos los secretos de las tinieblas, y callarán los argumentos de las lenguas.

3 Yo soy el que levanto en un punto al humilde entendimiento, para que entienda mas razones de la verdad eterna, que si hubiese estudiado diez años. Yo enseño sin rui-

do de palabras, sin confusion de pareceres, sin fausto de honra, sin combate de argumentos. Yo soy el que enseña á despreciar lo terreno, y aborrecer lo presente, buscar y saber lo eterno, huir las honras, sufrir los estorbos, poner toda la esperanza en Mí, y fuera de Mí no desear nada, y amarme ardientemente sobre todas las cosas.

4 Y así uno amándome entrañablemente, aprendió cosas divinas, y hablaba maravillas. Mas aprovechó con dejar todas las cosas, que con estudiar sutilezas. Mas á unos hablo cosas comunes, á otros especiales. A unos me muestro dulcemente con señales y figuras: á otros revelo misterios con mucha luz. Una cosa dicen los libros; mas no enseñan igualmente á todos: por-

que Yo soy interior Doctor de la verdad, escudriñador del corazon, conocedor de pensamientos, movedor de las obras, repartiendo á cada uno segun juzgo ser digno.

Capítulo XLIV.

No se deben buscar las cosas exteriores.

1 Hijo, en muchas cosas te conviene ser ignorante, y estimarte como muerto sobre la tierra, á quien todo el mundo esté crucificado. A muchas cosas te conviene tambien hacerte sordo, y pensar mas lo que conviene para tu paz. Mas útil es apartar los ojos de lo que no te agrada, y dejar á cada uno en su parecer, que entender en porfias. Si estás bien con Dios, y miras su juicio, fácilmen-

te, te, darás por vencido. 2. O Señor, ¡á que hemos llegado, que lloremos los daños temporales? Por una pequeña ganancia trabajamos y corremos; y el daño espiritual se pasa en olvido, y apenas tarde vuelve á la memoria. Por lo que poco ó nada vale, se mira mucho; mas lo que es muy necesario se pasa con descuido, porque todo hombre se va á lo exterior; y si presto no vuelve en sí, con gusto se está envuelto en ello.

Capítulo XLV.

No se debe creer á todos; y cómo fácilmente se resbala en las palabras.

1 Señor, ayúdame en la tribulacion, porque es vana la seguridad del hombre. ¿Cuantas veces no hallé fide-

lidad donde pensé que la habria? ¿Cuantas veces tambien la hallé donde menos lo pensaba? Por eso es vana la esperanza en los hombre; mas la salud y seguridad de los justos está en Ti, mi Dios. Bendito seas, Señor Dios mio, en todas las cosas que nos suceden. Flacos somos, y mudables: presto somos engañados, y nos mudamos.

2 ¿Que hombre hay que se pueda guardar tan seguro, y discretamente en todo, que alguna vez no caiga en algun engaño ó perplexidad? Mas el que confia en Ti, Señor, y te busca de corazon con sencillez, no resbala tan de presto; y si cayere en alguna tribulacion, de cualquier manera que estuviere en ella enlazado, presto será librado por Ti ó consolado;

porque no desamparas Tú hasta el fin al que en Ti espera. Raro es el fiel amigo que persevera en todos los trabajos de su amigo: Tú, Señor, Tú solo eres fidelísimo en todo, y fuera de Ti no hay otro tal.

3 ¡O cuan bien supo el ánima santa que dijo: mi ánima está fija y fundada en Cristo; y si yo estuviese así, no me congojaria tan presto el temor humano, ni me moverian las palabras injuriosas. ¿Quien puede prevenirlo todo? ¿Quien basta para guardarse de los males venideros? Si lo muy recatado con tiempo lastima muchas veces, ¿que hará lo no prevenido, sino herir gravemente? ¿Pues por qué, miserable de mí, no me preví ne mejor? ¿Por que creí de ligero á otros? Mas hombres somos, y hombres flacos y quebradi-

20s; y aunque de muchos sea mos estimados, y llamados Ángeles: ¿Señor, á quien creeré, á quien sino á Ti? Verdad eres que no puedes engañar, ni ser engañado; mas el hombre todo es mentira, es enfermo, mudable y caedizo, especialmente en palabras; de modo que con muy gran dificultad se debe creer lo que parece verdadero á la primera vista.

4 Con cuánta prudencia nos avisaste que nos guardasemos de los hombres; y que son enemigos del hombre los propios de su casa; ni es de creer luego, si alguno dijere: anda aquí, ve allí el mismo daño me ha enseñado, y hecho avisado. Quiera Dios que sea para guardarme más, y no me quede necio todavía. Díceme uno: mira que seas cuerdo guárdame secreto en es-

to que digo; y mientras yo callo, y creo que está secreto, el mismo que me encomendó no pudo callar; mas luego descubrió á sí y á mí, y fuese. Defiéndeme, Señor, de aquestas ficciones, y de hombres tan indiscretos, para que nunca caiga en sus manos, ni yo cometa tales cosas. Pon en mi boca palabras verdaderas y fieles, y desvía lejos de mí la lengua cabilosa. De lo que no quiero sufrir me debo guardar mucho.

5 ¡O cuan bueno, y de cuánta paz es callar de otros, y no creer fácilmente todas las cosas, ni hablarlas de ligero, despues descubrirse á pocos, buscarte siempre á Tí, Señor, que miras al corazon, y no moverse por cualquier viento de palabras, sino desear que todas las cosas interiores y

exteriores se acaben y perficionen, segun el beneplácito de tu voluntad! ¡Cuan segura es para conservar la gracia celestial, huir la vana apariencia, y no codiciar las cosas visibles que causan admiracion: mas seguir con toda diligencia las cosas que causan enmienda y fervor de vida! ¡A cuantos ha dañado la virtud descubierta y alabada antes de tiempo! ¡Cuan provechosa fue siempre la gracia guardada con el callar en esta vida quebradiza que toda se dice malicia y tentacion!

Capítulo XLVI.

De la confianza que se debe tener en Dios cuando nos dicen injurias.

1 Hijo, está firme, y espera en Mí: ¿que cosa son pala-

bras, sino palabras? Por el aire vuelan, no hieren al que está constante como piedra. Si estás culpado determina de enmendarte; si no hallas en ti culpa, ten por bien sufrir por Dios. Muy poco es que sufras siquiera palabras algunas veces, pues aun no puedes sufrir graves azotes. ¿Y por que tan pequeñas cosas te pasan el corazon, sino porque aun eres carnal, y miras mucho mas á los hombres de lo que conviene? Porque temes ser despreciado, por esto no quieres ser reprendido de tus faltas, y buscas las sombras de las excusas.

2 Considérate mejor, y conocerás que aun vive en ti el amor del mundo y el deseo vano de agradar á los hombres; porque en huir de ser abatido y avergonzado por

tus defectos, se muestra muy claro que no eres humilde verdadero, ni estás del todo muerto al mundo, ni el mundo está á ti crucificado. Mas oye mis palabras, y no cuidarás de cuantas dijeren todos los hombres. Di: si se dijese contra tí todo cuanto maliciosamente se pudiese fingir, que te dañaria: si del todo lo dejases pasar, no lo estimases en una palabra; ¿podríate por ventura arrancar un cabello?

3. Mas el que no está dentro de su corazon, ni me tiene á Mí delante de sus ojos, presto se mueve por una palabra de menosprecio; pero el que confia en Mí, y no desea su propio parecer, vivirá sin temor á los hombres; porque Yo soy el Juez, y conozco todos los secretos: Yo sé cómo pasan las cosas: Yo conozco muy

bien al que hace la injuria, y tambien al que la sufre. De mí sale esta palabra: permitiéndolo Yo, acaece esto, porque se descubran los pensamientos de muchos corazones. Yo juzgo al culpado é inocente; mas quise probar primero al uno y al otro con juicio secreto.

4 El testimonio de los hombres muchas veces engaña: mi juicio es verdadero, siempre está firme. Aunque muchas veces está escondido, de pocos es en todo conocido; pero nunca yerra ni puede errar, aunque á los ojos de los necios no parezca recto. A Mí pues habeis de recurrir en cualquier juicio, y no estribar en el propio saber; porque el justo no se turbará por cosas que Dios ordene sobre él. Y si algun juicio fuere dicho contra él justamente, no se in-

quietará por ello, ni se ensalzará vanamente si otros le defendieron con razon; porque sabe que Yo soy quien escudriño los corazones y entrañas del alma: que no juzgo segun la superficie y parecer humano; antes muchas veces se halla en mis ojos culpable el que al juicio humano parece digno de alabanza.

5 Señor Dios, justo Juez, fuerte y paciente, que conoces la flaqueza y maldad de los hombres, sé Tú mi fortaleza y toda mi confianza, que no me basta mi conciencia: Tú sabes lo que yo no sé; por eso me debo humillar en qualquier reprension, y llevarla con mansedumbre. Perdóname tambien, Señor piadoso, todas las veces que no lo hice asi, y dame gracia de mayor sufrimiento para otra vez.

porque mejor me está tu misericordia copiosa para alcanzar perdon, que mi injusticia presumida para defender lo secreto de mi conciencia. Y puesto que ella no me acuse, no por esto me puedo tener por justo; porque quitada tu misericordia, no será justificado en tu acatamiento todo hombre que vive.

Capítulo XLVII.

Todas las cosas graves se deben sufrir por la vida eterna.

1 Hijo, no te quebranten los trabajos que has tomado por mí, ni te derriben del todo las tribulaciones; mas mi promesa te esfuerce y consuele en todo lo que viniere. Yo basto para galardonarte sobre toda manera y medida. No trabajarás aqui mu-

cho tiempo, ni serás agravado siempre de dolores. Espera un poquito, y verás cuán presto se pasan los males. Vendrá una hora cuando cesará todo trabajo y ruido. Poco y breve es todo lo que pasa con el tiempo.

2 Esfuérzate pues como lo haces: trabaja fielmente en mi viña, que Yo seré tu galardon. Escribe, lee, canta, suspira, calla, ora, sufre varonilmente lo adverso; la vida eterna digna es de esta y de otras mayores peleas. Vendrá la paz en el dia que el Señor sabe, el cual no se compondrá de dia y noche como en esta vida temporal, sino de luz perpetua, claridad infinita, paz firme y descanso seguro. No dirás entonces: ¿quien me librará del cuerpo de esta muerte? Ni dirás: ¡ay de mí! que se ha

dilatado todo mi destierro; porque la muerte estará destruida, y la salud vendrá sin defecto; ninguna congoja habrá ya, sino bienaventurada alegría, la compañía dulce y hermosa.

3 ¡O si vieses las coronas eternas de los Santos en el cielo, y de cuánta gloria gozan ahora los que eran en este mundo despreciados y tenidos por indignos de vivir! Por cierto luego te humillarias hasta la tierra, y desearías mas ser sujeto á todos, antes que mandar á uno, y no codiciarias los dias alegres de esta vida; sino antes te gozarias de ser atribulado por Dios, y tendrias por grandísima ganancia ser tenido por nada entre los hombres.

4 ¡O si gustases aquestas cosas, y las rumiases profun-

damente en tu corazon, cómo aun sola una vez no osarias quejarte! ¿No te parece que son de sufrir todas las cosas trabajosas por la vida eterna? No es de pequeña estima ganar ó perder el reino de Dios. Levanta pues tu rostro al cielo: mira que Yo y todos mis Santos, los cuales tuvieron grandes combates en este siglo, ahora se gozan, y estan consolados y seguros, ahora descansan en paz, y permanecerán conmigo sin fin en el reino de mi Padre.

Capítulo XLVIII.
Del dia de la eternidad, y de las angustias de esta vida.

1 ¡O bienaventurada morada de la ciudad Soberana! ¡O dia clarísimo de la eternidad, que no le oscurece la noche; mas siempre luce la

suma verdad: dia siempre alegre, siempre seguro y siempre sin mudanza! ¡O si ya amaneciese este dia, y se acabasen todas estas cosas temporales! Alumbra por cierto á los Santos con una perpetua claridad; mas no asi á los que están en esta peregrinacion, sino de lejos, y como en espejo.

2 Los ciudadanos del cielo saben cuán alegre sea aquel dia; los hijos de Eva desterrados gimen de ver cuán amargo y enojoso sea este de acá. Los dias de este tiempo son pocos y malos, llenos de dolores y angustias, donde se mancha el hombre con muchos pecados, se enreda en muchas pasiones, es angustiado de muchos temores, agravado con muchos cuidados: distraido con muchas curiosidades, envuelto en vanidades,

de Cristo. Lib. III.

confundido en muchos errores, quebrantado con muchos trabajos, acosado de tentaciones, enflaquecido con los deleites, atormentado de pobreza.

3 ¡O cuando se acabarán todos estos trabajos! ¡Cuando estará libre de la miserable servidumbre de los vicios! ¡Cuando me acordaré, Señor, de Ti solo! ¡Cuando me alegraré cumplidamente en Ti! ¡Cuando estaré sin todo impedimento en la verdadera libertad, sin ninguna pesadumbre de ánima y cuerpo! ¡Cuando tendré firme paz, paz sin perturbación, y segura paz de dentro y de fuera, paz estable de todas partes! ¡O buen Jesus! ¡Cuando estaré para verte! ¡Cuando contemplaré tu gloria! ¡Cuando me serás todo en todas las cosas! ¡Cuando estaré en tu reino, el cual

has aparejado eternamente á tus escogidos! Dejádome has pobre, y desterrado en la tierra de los enemigos, donde hay continua guerra, y graves desgracias.

4 Consuela mi destierro, mitiga mi dolor, porque á Ti suspira todo mi deseo. Todo el placer del mundo me parece muy pesada carga. Deseo gozarte íntimamente; mas no puedo comprenderte. Deseo estar unido con lo celestial; mas agrávanme las cosas temporales, y las pasiones no mortificadas. Con el pensamiento me quiero levantar sobre todas las cosas, mas me veo forzado de sujetarme á la carne contra mi voluntad. Asi yo, miserable, peleo conmigo, y á mí mismo me soy enojoso, cuando el espíritu busca lo de arriba, y la carne lo de abajo.

§. ¡O Señor! ¡Cuanto padezco, cuando en el pensamiento revuelvo las cosas celestiales, y luego se me ofrece un tropel de cosas del mundo! Dios mio, no te alejes de mí, ni te desvies con ira de tu siervo: esplandezca un rayo de tu claridad, y destruye estas tinieblas: envia tus saetas, y confúndanse todas las asechanzas de los enemigos. Recoge todos mis sentidos en Ti: hazme olvidar todas las cosas de la tierra. Otórgame desechar y apartar de mí aun las sombras de los vicios. Socórreme, verdad eterna, que no me mueva vanidad alguna: venga tu suavidad celestial, y huya de tu presencia toda torpeza. Perdóname tambien, por tu santísima misericordia, todas cuantas veces pienso en la oracion alguna cosa fuera de Ti. Por que verdaderamente confieso mi costumbre, que muchas veces estoy en la oracion fuera de lo que debo: porque muchas veces no estoy alli donde tengo mi cuerpo, ó me asiento; pero mas estoy allá donde mis pensamientos me llevan. Donde está mi pensamiento, alli estoy yo: alli está mi pensamiento á menudo, adonde está lo que amo. Lo que naturalmente me deleita, y por la costumbre me agrada, eso se me ofrece luego.

6 Por lo cual Tú, que eres verdad, dijiste: donde está tu tesoro, alli está tu corazon. Si amo el cielo, con gusto pienso en las cosas celestiales. Si amo el mundo, alégrome con las prosperidades, y entristézcome de las adversidades. Si amo la carne, muchas veces imagino en sus cosas. Si amo el

espíritu, huélgome en pensar cosas espirituales; porque de todas las cosas que amo, hablo de buena gana, y oigo hablar, y las imaginaciones traigo conmigo á mi casa. Mas bienaventurado aquel, que por tu amor da repudio á todo lo criado, que hace fuerza á su natural, y crucifica á los apetitos carnales con el fervor del espíritu, para que serenada su conciencia, te ofrezca oracion pura, y sea digno de estar entre los coros angélicos, desechadas dentro y fuera de sí todas las cosas terrenas.

CAPÍTULO XLIX.

Del deseo de la vida eterna, y cuantos bienes estan prometidos á los que pelean bien.

Hijo, cuando sientes en tí algun deseo de la eterna

bienaventuranza, y deseas salir de la cárcel del cuerpo, para poder contemplar mi claridad sin sombra de mudanzas: dilata tu corazon, y recibe con todo amor esta santa inspiracion. Da muchas gracias á la soberana Bondad que lo hace asi contigo, visitándote con clemencia, moviéndote con amor, levantándote con poderosa mano, para que no caigas en tierra por tu propia pesadumbre: porque esto no lo recibes por tu diligencia, ó fuerzas, mas por solo el querer de la gracia soberana, y del agrado divino, para que aproveches en virtudes, y en mayor humildad, y te aparejes para los combates que te han de venir, y trabajes por llegarte á mí de todo corazon, y servirme con abrasada voluntad.

2. Hijo, muchas veces ard-

el fuego, mas no sube la llama sin humo. Asi tambien los deseos de algunos se encienden á las cosas celestiales; mas aun no estan libres del amor carnal. Y por eso hacen tan poco por la honra de Dios puramente, aun lo que con muy gran deseo me piden. Tal suele ser algunas veces tu deseo, el cual mostraste con tanta importunidad; porque no es puro, ni perfecto lo que va inficionado de propio interes.

3 Pide, no lo que es para ti deleitable y provechoso, sino lo que es para mí aceptable y honroso, que si rectamente juzgas, debes anteponer mi ordinacion á tu deseo, y á cualquiera cosa deseada, y seguir mi disposicion y no tu antojo. Yo conozco tu deseo, y he oido tus largos gemidos. Ya querias tú estar en la libertad de la

gloria de los hijos de Dios: ya te deleita la casa eterna, y la patria celestial llena de gozo; mas aun no es venida esa hora, aun es otro tiempo; conviene á saber, tiempo de guerra, tiempo de trabajo, y de exámen. Deseas ser lleno del sumo bien, mas no lo puedes alcanzar ahora. Yo soy, espérame, dice el Señor, hasta que venga el reino de Dios.

4 Has de ser probado aun en la tierra, y ejercitado en muchas cosas. Algunas veces serás consolado, mas no te será dada cumplida hartura. Por eso esfuérzate mucho, y sé valiente, asi en hacer, como en padecer adversidades contra la naturaleza. Conviénete que te vistas del hombre nuevo, y estar mudado en otro hombre. Conviene hacer muchas veces lo que no

quieres, y dejar lo que quieres. Lo que agrada á los otros, irá delante; lo que á ti te contenta no se hará; lo que dicen los otros será oido; lo que dices tú será reputado por nada. Pedirán los otros y recibirán; tú pedirás y no alcanzarás.

5. Otros serán muy grandes en la boca de los hombres: de ti no se hará cuenta. A los otros se encargará este ó aquel negocio: tú serás tenido por inútil. Por esto se entristecerá algunas veces la naturaleza: será cosa grande, si lo sufrieres callando. De esta suerte, en estas y otras cosas semejantes es probado el siervo fiel del Señor, para ver como sabe negarse, y quebrantarse en todo. Apenas se hallará cosa en que mas te convenga morir á ti mismo, como en ver y sufrir lo contrario á

tu voluntad, principalmente cuando parece sinrazon, y de poco provecho lo que te mandan hacer. Y porque tú, siendo mandado, no osas resistir á la voluntad de tu superior, por eso te parece cosa dura andar á la voluntad de otro, y dejar tu propio parecer.

6 Mas considera, hijo, el fruto de estos trabajos, el fin cercano, y el muy grande galardon, y no te serán graves; mas una gran consolacion que esfuerce tu paciencia: porque tambien por esta poca voluntad propia, que ahora dejas de grado, poseerás para siempre tu voluntad en el cielo; pues asi hallarás todo lo que quisieres, y cuanto pudieres desear. Alli tendrás en tu poder todo el bien, sin miedo de perderlo. Alli tu voluntad unida con la mia para siempre, no

codiciará cosa particular. Allí ninguno te resistirá, ninguno se quejará de ti, ninguno te impedirá, ni contradecirá: mas todas las cosas deseadas tendrás presentes juntamente, y hartarán todo tu afecto, y lo colmarás cumplidamente. Allí te daré Yo gloria por la injuria que sufriste; honor de alabanza por la tristeza; por el mas bajo lugar, la silla del reino perpetuo. Allí parecerá el fruto de la obediencia; alégrase el trabajo de la penitencia, y la humilde sujecion será gloriosísimamente coronada.

7 Ahora, pues, inclínate humildemente debajo la mano de todos, y no cuides de mirar quien lo dijo, ó quien lo mandó. Mas ten grandísimo cuidado, ora sea Prelado, ó menor, ó igual el que algo te pidiere, ó mandare, que todo

lo tengas por bueno, y estudies de cumplirlo con pura voluntad. Busque cada uno lo que quisiere; gloríese este en esto, y aquel en lo otro, y sea alabado mil millares de veces: mas tú, ni en esto, ni en aquello, sino gózate en el desprecio de ti mismo, y en mi voluntad y honra: una cosa debes desear, que por vida ó por muerte sea Dios siempre glorificado en ti.

Capítulo L.

Cómo se debe ofrecer en las manos de Dios el hombre desconsolado.

Señor Dios, Padre Santo, ahora y para siempre seas bendito, que así como Tú quieres ha sido hecho, y lo que haces es bueno. Alégrase tu siervo en Ti, no en sí, ni en otro alguno; porque Tú solo eres alegría verdadera: Tú esperanza mia, y corona mia: Tú, Señor, eres mi gozo y mi honra. ¿Que tiene tu siervo, sino lo que recibió de Ti, aun sin merecerlo? Tuyo es todo lo que me has dado y hecho. Pobre soy, y en trabajos desde mi mocedad; y mi ánima se entristece algunas veces hasta llorar; y otras veces se turba consigo, por las pasiones que levantan.

2 Deseo el gozo de la paz: pido la paz de tus hijos, que son apacentados por Ti en la lumbre de la consolacion. Si me das paz, si derramas en mí tu santo gozo, estará el ánima de tu siervo llena de alegría, y devota para alabarte: mas si te apartares, como muchas veces lo haces, no podrá correr la carrera de tus mandamientos; mas antes hin-

cará las rodillas para herir sus pechos; porque no le va como los dias pasados, cuando resplandecia tu luz sobre su cabeza, y era defendida de las tentaciones que venian, debajo de la sombra de tus alas.

3. Padre justo y digno de ser alabado para siempre, llegado ha la hora en que tu siervo es probado. Padre, digno de ser amado, justo es que tu siervo padezca algo por Ti en esta hora. Padre, digno de ser siempre honrado, venida es la hora que tu sabias eternamente, que habia de venir, en la qual tu siervo esté ya poco abatido en lo exterior; mas viva siempre interiormente delante de Ti. Despreciado sea y humillado un poco, y desechado delante de los hombres; sea quebrantado con pasiones y enfermedades, porque resucite.

contigo al aurora de la nueva luz, y sea clarificado en los cielos. Padre santo, asi lo ordenaste Tú, y asi lo quisiste, y lo que mandaste se ha hecho.

4. Esta es la merced que haces á tu amigo, que padezca, y sea atribulado en este mundo por tu amor: cuantas veces permites que se haga, y de cualquier hombre que se hiciere, no se hace cosa en la tierra sin tu consejo, y providencia, ni sin causa. Señor, bueno es para mí que me hayas abatido; porque aprenda tus justificaciones, y destierre de mi corazon toda soberbia y presuncion. Provechoso es para mí, que la confusion haya cubierto mi rostro, porque asi te busque para consolarme, y no á los hombres. Tambien aprendí en esto á temblar de tu espantoso juicio, que

afliges al justo como al malo; mas no sin equidad y justicia.

5 Gracias te doy, que no dejaste sin castigo mis males; mas me afligiste con amargos azotes, hiriéndome de dolores y angustias de dentro y de fuera. No hay quien me consuele debajo del cielo sino Tú, Señor, Dios mio, médico celestial de las ánimas, que hieres y sanas, pones en graves tormentos, y libras de ellos; sea tú correccion sobre mí, que tu castigo me enseñará.

6 Padre mio muy amado, vesme aquí en tus manos, yo me inclino á la vara de tu correccion. Hiere mis espaldas y mi cuello, para que enderece mi torcido querer á tu voluntad. Hazme piadoso y humilde discípulo, como bien sueles hacerlo, para que ande á todo tu querer. Todas mis cosas y

á mí te encomiendo, para que las rijas: mejor es aqui ser corregido, que en lo por venir. Tú sabes todas las cosas, y en particular, y no se te esconde nada en la humana conciencia. Antes que se haga sabes lo venidero, y no hay necesidad que alguno te enseñe, ó avise de las cosas que se hacen en la tierra. Tú sabes lo que me conviene para mi adelantamiento, y cuanto me aprovecha la tribulacion, para limpiar el orin de los vicios. Haz conmigo tu voluntad y gusto, y no deseches mi vida pecadora, á ninguno mejor, ni mas claramente conocida que á Ti solo.

7 Señor, concédeme saber lo que debo, amar lo que se debe amar; alabar lo que á Ti es agradable; estimar lo que te parece precioso; aborrecer lo que en tus ojos es feo. No

me dejes juzgar segun la vista de los ojos exteriores, ni sentenciar segun el oido de los hombres ignorantes; mas dame gracia, que pueda discernir entre lo visible y lo espiritual con verdadero juicio, y sobre todo buscar siempre la voluntad de tu divino beneplácito.

8 Muchas veces se engañan los sentidos de los hombres en juzgar, y los mundanos se engañan tambien en amar solamente lo visible. ¿Qué mejoría tiene el hombre, porque otro le alabe? El falso engaña al falso, el vano al vano, el ciego al ciego, el enfermo al enfermo, cuando lo ensalza; y verdaderamente mas le avergüenza, cuando vanamente le alaba; porque cuanto es cada uno en los ojos de Dios, tanto es y no mas, dice el humilde San Francisco.

Capítulo LI.

Debemos ocuparnos en cosas bajas, cuando cesan las altas.

1 Hijo, no puedes estar siempre en fervoroso deseo de las virtudes, ni perseverar en el mas alto grado de la contemplacion; mas es necesario, por la corrupcion del pecado original, que desciendas algunas veces á cosas bajas, y tambien á llevar la carga de esta vida corruptible, aunque te pese y enoje. Mientras que traes el cuerpo mortal, enojo sentirás, y pesadumbre de corazon. Por eso conviene gemir muchas veces estando en la carne, por el peso de la carne; porque no puedes ocuparte perfectamente en los ejercicios espirituales, y en la divina contemplacion.

2 Entonces conviene que te ocupes en obras humildes y exteriores, consolándote con hacer buenos actos; y espera mi venida, y la visita del cielo con firme confianza; sufre con paciencia tu destierro, y la sequedad del espíritu, hasta que otra vez Yo te visite, y seas libre de toda congoja; porque Yo te haré olvidar las penas, y que goces de gran serenidad interior. Yo extenderé delante de ti los prados de las Escrituras, para que ensanchado tu corazon, corras la carrera de mis mandamientos. No son iguales las pasiones de este tiempo, en comparacion de la gloria, que se nos descubrirá.

Capítulo LII.

No se estime el hombre por digno de consuelo, pues lo es de tormentos.

Señor, no soy digno de tu consolacion, ni de alguna visita espiritual; y por eso justamente lo haces conmigo, cuando me dejas pobre y desconsolado; porque aunque yo pudiese derramar tantas lágrimas como el mar, no merecería aun tu consuelo. Por eso yo soy digno de ser azotado y castigado; porque yo te ofendí gravemente, y muchas veces, y pequé mucho, y de muchas maneras. Así, que bien mirado, no soy digno de bien alguno, por pequeño que sea. Mas Tú, piadoso y misericordioso Dios, que no quieres que tus obras parezcan, por mostrar las riquezas de tu bondad en los brazos de tu misericordia, aun sobre todo merecimiento, tienes por bien de consolar á tu siervo sobre todo modo; pero tus consolaciones no son como las humanas.

2 O Señor, ¿que he hecho, para que Tú me dieses alguna consolacion celestial? Yo no me acuerdo haber hecho algun bien, mas que he sido siempre inclinado á vicios, y muy perezoso para enmendarme: esto es verdad, y negarlo no puedo: si yo dijese otra cosa, estarias contra mí, no habria quien me defendiese. ¿Que he merecido por mis pecados, sino el infierno, y el fuego eterno? Y conozco en verdad que soy digno de todo escarnio, y menosprecio, y que conviene que more entre tus devotos;

y aunque yo oiga esto con tristeza, reprenderé mis pecados contra mí por la verdad, porque mas fácilmente merezca alcanzar tu misericordia.

3 ¿Que diré yo, pecador, lleno de toda confusion? No tengo boca para hablar, sino sola esta palabra: pequé, Señor, pequé, habed misericordia de mí; perdóname. Déjame un poquito para que llore mi dolor, antes que vaya á la tierra tenebrosa, y cubierta de oscuridad de muerte. ¿Que es lo que pides principalmente al culpable y miserable pecador, sino que se convierta, y se humille por sus pecados? De la verdadera contricion, y humildad de corazon nace la esperanza del perdon, y se reconcilia la conciencia turbada: repárase la gracia perdida, defiende al hombre de la ira venidera, y se

juntan en santa paz Dios, y el ánima, que á él se convierte.

4 Señor, el humilde arrepentimiento de los pecados es para Ti sacrificio muy acepto, que huele mas suavemente en tu presencia, que el incienso. Este es tambien el ungüento agradable, que Tú quisiste que se derramase sobre tus sagrados pies; porque nunca desechaste el corazon contrito y humillado. Aquí está el lugar del refugio, para el que huye de la cara del enemigo: alli se enmienda, y limpia lo que en otro lugar se erró, y manchó.

CAPÍTULO LIII.

La gracia no se mezcla con los que saben las cosas terrenas.

1 Hijo, preciosa es mi gracia, no sufre mezcla de cosas extrañas, ni de con-

solaciones terrenas. Conviene desviar todos los impedimentos de la gracia, si deseas recibir en ti su influencia: busca lugar secreto para ti; huélgate de morir á solas contigo; deja las pláticas; ora mas devotamente á Dios, para que te dé compuncion de corazon, y pureza de conciencia. Estima todo el mundo en nada; el vacar á Dios prefiere á todas las cosas exteriores; porque no podrás vacar á mí, y juntamente deleitarte en lo transitorio. Conviene desviarte de conocidos, y de amigos, y tener el ánima privada de todo placer temporal. Asi lo encarga el Apóstol San Pedro, que todos los fieles cristianos se abstengan en este mundo, como advenedizos y peregrinos.

2 ¡O cuanta confianza ten-

drá en la muerte el que tor siente, que no le tira cosa alguna de este mundo! Mas el ánima flaca, no entiende aun que cosa sea tener el corazon apartado de todas las cosas, ni el hombre interior: mas si quiere ser verdaderamente espiritual, conviene que renuncie los parientes, y á los extraños, y de ninguno mas se guarde que de sí mismo. Si te vences á ti perfectamente, todo lo demas sujetarás con facilidad. La perfecta victoria es vencerse á sí mismo, porque el que se tiene sujeto, de modo que la sensualidad obedezca la razon, y la razon á él en todas las cosas, es verdaderamente vencedor, y señor del mundo.

3 Si deseas subir á esta cumbre, conviene comenzar varonilmente, y poner la se-

gur á la raiz, para que arranques y destruyas la desordenada inclinacion, que ocultamente tienes á ti mismo, y á todo bien propio y corporal. De este amor desordenado, que se tiene el hombre á sí mismo, depende todo lo que de raiz se ha de vencer; el cual vencido y señoreado, luego hay gran sosiego y paz. Mas porque pocos trabajan de morir perfectamente á sí mismos, y del todo no salen de su propio amor; por eso se quedan envueltos en sus afectos, y no se pueden levantar sobre sí en espíritu. Pero el que desea andar conmigo libre, es necesario que mortifique todas sus malas y desordenadas aficiones, y que no se pague á criatura alguna con amor de concupiscencia.

CAPÍTULO LIV.

De los diversos movimientos de la naturaleza y de la gracia.

1 Hijo, mira con vigilancia los movimientos de la naturaleza y de la gracia, que muy contraria y sutilmente se mueven; y de modo, que con dificultad son conocidos, sino por varones espirituales, é interiormente alumbrados. Todos desean el bien, y en sus dichos y hechos buscan alguna bondad; por eso muchos se engañan con color del bien.

2 La naturaleza es astuta: y trae á sí á muchos, los enlaza y engaña, y siempre se pone á sí por principal: mas la gracia anda sin doblez, desvíase de todo color de mal; no pretende engañar, sino hace todas las cosas puramente por Dios, en

el cual descansa como en su fin.

3 La naturaleza no quiere morir de buena gana, ni quiere ser apremiada, ni vencida, ni de grado sujeta: mas la gracia estudia en la propia mortificacion, resiste á la sensualidad, quiere ser sujeta, desea ser vencida, no quiere usar de su propia libertad, huélgase de estar debajo de la disciplina, no codicia señorear alguno; mas vivir y servir, y estar debajo de la mano de Dios: por Dios está aparejado á obedecer con toda humildad á cualquiera criatura humana.

4 La naturaleza trabaja por su interes, y tiene la mira á la ganancia que le puede venir: la gracia no considera lo que es útil y provechoso á sí, sino lo que aprovecha á muchos.

5 La naturaleza de buena gana recibe la honra, y la

reverencia: la gracia fidelísimamente atribuye á solo Dios toda honra y gloria.

6 La naturaleza teme á la confusion y al desprecio: mas la gracia alégrase en sufrir injurias por el nombre de Jesus.

7 La naturaleza ama al ocio y los entretenimientos corporales: mas la gracia no puede estar ociosa; antes abraza de buena voluntad al trabajo.

8 La naturaleza busca tener cosas curiosas y hermosas, y aborrece las viles y groseras; mas la gracia deleítase con cosas llanas y bajas, no desecha las ásperas, ni reusa el vestir ropas viles.

9 La naturaleza mira lo temporal, y gózase de las ganancias terrenas, entristécese del daño, enójase de una palabra injuriosa: mas la gracia mira las cosas terrenas, no

está arrimada á lo temporal, ni se turba cuando lo pierde, ni se aceda con las palabras ásperas; porque puso su tesoro y gozo en el cielo, donde ninguna cosa perece.

10 La naturaleza es codiciosa, y de mejor gana toma que da; ama las cosas propias y particulares: mas la gracia es piadosa, y comun para todos: desdeña la singularidad: conténtase con lo poco: tiene por mayor felicidad el dar, que el recibir.

11 La naturaleza inclínanos á las criaturas, á la propia carne, á la vanidad y á las distracciones: mas la gracia llévanos á Dios, y á las virtudes: renuncia las criaturas: huye el mundo: aborrece los deseos de la carne: refrena los pasos vanos, avergüenzase de parecer en público.

12 La naturaleza de buena gana toma cualquier placer exterior, en que deleite sus sentidos: mas la gracia en solo Dios se quiere consolar, y deleitarse en el sumo bien, sobre todo lo visible.

13 La naturaleza cuanto hace es por su propia comodidad y ganancia; no puede hacer cosa de valde, mas espera alcanzar otro tanto, ó mas alabanza, ó favor por el bien que ha hecho; y desea que sean sus obras y sus dádivas muy estimadas; mas la gracia, ninguna cosa temporal busca, ni quiere otro premio, sino solo Dios, y de lo temporal no quiere mas, que cuanto basta para conseguir lo eterno.

14 La naturaleza se alegra de muchos amigos y vecinos: gloríase del noble lugar, y del gran linage: sigue

el apetito de los poderosos, lisonjea á los ricos, regocija á sus iguales: la gracia aun á los enemigos ama, y no blasona por los muchos amigos, ni estima el lugar, ni linage donde viene, si no hay en ello mayor virtud: mas favorece al pobre que al rico; tiene mayor compasion del inocente, que del poderoso; alégrase con el verdadero, y no con el mentiroso; amonesta siempre á los buenos, que sean mejores, y que por las virtudes imiten al Hijo de Dios.

15 La naturaleza luego se queja de la necesidad y del trabajo: la gracia sufre con buen rostro á la pobreza.

16 La naturaleza todas las cosas vuelve á sí, y por sí pelea y porfia: mas la gracia todo lo refiere á Dios, de donde originalmente mana; nin-

gun bien se atribuye, ni presume vanamente. No porfia, ni prefiere su razon á las otras; mas en todo sentido y entendimiento se sujeta á la sabiduría eterna, y al divino exámen.

17 La naturaleza desea saber, oir nuevas y secretos, y quiere mostrarse exteriormente, y experimentar muchas cosas con los sentidos; desea ser conocida, y hacer cosas de donde le proceda la alabanza y fama: mas la gracia no cuida de entender cosas nuevas y delgadas; porque todo esto nace de la corrupcion antigua, como no hay cosa nueva ni durable sobre la tierra: enseña á recoger los sentidos, á evitar el contento y pompa vana, esconder humildemente las cosas maravillosas, y dignas de alabar, y buscar de todas las cosas, y

de toda ciencia fruto provechoso, alabanza y honra de Dios: no quiere aun aquel que es regido de la gracia, que él ni sus cosas sean pregonadas: mas desea que Dios sea glorificado en sus dones, que los da todos con purísimo amor.

18. Esta gracia es una lumbre sobrenatural, y un singularísimo don de Dios, y propiamente una señal de los escogidos, y una prenda de la salud eterna, que levanta al hombre de lo terreno á amar lo celestial, y de carnal lo hace espiritual. Asi, que cuanto mas apremiada y vencida es la naturaleza, tanto le es infundida mayor gracia, y cada dia es reformado el hombre interior, segun la imágen de Dios, con nuevas visitaciones.

CAPITULO LV.

De la corrupcion de la naturaleza, y de la eficacia de la gracia divina.

1 Señor, Dios mio, que me criaste á tu imágen y semejanza, concédeme esta gracia, la cual mostraste ser tan grande, y necesaria para la salvacion; porque yo pueda vencer mi naturaleza dañada, que me lleva á la perdicion y á los pecados. Pues yo siento en mi carne la ley del pecado, que contradice á la ley de mi ánima, y me lleva cautivo á consentir en muchas cosas con la sensualidad; y no puedo resistir á sus pasiones, si no está presente tu santísima gracia, derramada con amor ardentísimo en mi corazon.

2 Menester es tu gracia, y

muy gran gracia, para vencer la naturaleza, inclinada siempre á lo malo desde su mocedad; porque caida por el primer hombre Adan, y corrompida por el pecado, desciende en todos los hombres la pena de esta mancilla; de suerte, que la misma naturaleza, que fue criada por ti buena y derecha, ya se cuenta por vicio y enfermedad de la naturaleza corrupta, porque el mismo movimiento suyo que le quedó, la trae á lo malo, y á las cosas bajas. Pues una pequeña fuerza que le ha quedado, es como una centellita escondida en la ceniza. Esta es la razon natural, cercada de grandes tinieblas, que tiene todavía un juicio libre del bien y del mal, y conoce la diferencia de lo verdadero y de lo falso; aunque no tiene fuerza para cumplir todo lo que le parece bueno, ni usa de la cumplida luz de la verdad, ni tiene sanas sus aficiones.

3 De aqui viene, Dios mio, que yo, segun el hombre interior, me deleito en tu ley, sabiendo que tu mandamiento es bueno, justo y santo; juzgando tambien, que todo mal y pecado se debe huir. Mas con la carne sirvo á la ley del pecado, pues obedezco mas á la sensualidad, que á la razon. De aqui es, que tengo un buen querer; mas no hallo poder para cumplirlo. De aqui procede, que propongo muchas veces hacer muchos bienes; mas como falta la gracia para ayudar á mi flaqueza, con poca contricion vuelvo atras y desfallezco. De aqui tambien viene, que conozco el camino de la perfeccion, y veo claramente como lo debo seguir: mas

agravado del peso de mi propia corrupcion, no me levanto á cosas mas perfectas.

4 ¡O Señor! Cuán necesaria me es tu gracia para comenzar el bien que crece, y perfeccionarlo! Porque sin ella, ninguna cosa puedo hacer; mas en Ti todo lo puedo, confortado con la gracia. ¡O gracia verdaderamente celestial, sin la cual son ningunos los merecimientos propios, ni se han de estimar en algo los dones naturales! Ni las artes, ni las riquezas, ni la hermosura, ni el esfuerzo, ni el ingenio, ó la elocuencia valen delante de Ti, Señor, sin tu gracia, porque los dones naturales son comunes á buenos y á malos; mas la gracia, y amor es don propio de escogidos, con la cual señalados, son dignos de la vida eterna. Tan encumbrada es es-

ta gracia, que ni el don de la profecía, ni la operacion de milagros, ó algun otro saber por sutil que sea, es estimado en algo sin ella. Aun mas digo, que ni la fe, ni la esperanza, ni las otras virtudes son aceptas á Tí, sin caridad, ni gracia.

5 ¡O beatísima gracia, que haces al pobre de espíritu rico en virtudes, y al rico en lo temporal vuelves humilde de corazon! Ven y desciende á mí, y lléname de tu consolacion, porque no desmaye mi ánima de cansancio y sequedad de corazon. Suplícote, Señor, que halle gracia en tus ojos, que de verdad me basta, aunque me falte todo lo que la naturaleza desea. Si fuere tentado y atormentado de muchas tribulaciones, no temeré los males estando tu gracia conmigo. Ella es mi fortaleza, ella

me da consejo y favor. Mucho mas poderosa es que todos los enemigos, y mucho mas sabia que cuantos saben. Maestra es de la verdad: enseña la disciplina: alumbra al corazon: consuela en los trabajos: destierra á la tristeza: quita el temor: aumenta á la devocion: produce dulces lágrimas. ¿Que soy yo sin ella, sino un madero seco, y un tronco sin provecho? O Señor, prevéngame, pues, tu gracia siempre, acompáñeme y hágame continuamente muy diligente en buenas obras, por Jesucristo, Hijo tuyo. Amen.

CAPÍTULO LVI.

Que debemos negarnos, y seguir á Cristo por la cruz.

1 Hijo, cuanto puedes salir de ti, tanto puedes pasarte

á mí. Asi como no desear nada de lo exterior, hace la paz interior; asi la negacion y desprecio interior, causa la union de Dios. Yo quiero que aprendas la perfecta negacion de ti mismo en mi voluntad, sin contradicion ni queja. Sígueme: Yo soy camino, verdad y vida. Sin camino, no hay por donde andar: sin verdad, no podemos conocer: sin vida, no hay quien pueda vivir. Yo soy la carrera que debes seguir: la verdad á quien debes creer: la vida que debes esperar. Yo soy camino que no puede ser cegado: verdad que no puede ser engañada: vida que no puede ser acabada. Yo soy camino muy derecho: verdad suma: vida verdadera: vida bienaventurada: vida increada. Si permanecieres en mi camino, comenzarás la verdad, y la verdad te librará, y alcanzarás la vida eterna.

2 Si quieres entrar á la vida, guarda los mandamientos. Si quieres conocer la verdad, creeme. Si quieres ser mi discípulo, niégate á ti mismo. Si quieres poseer la vida bienaventurada, desprecia á esta presente. Si quieres ser ensalzado en el cielo, humíllate en el mundo. Si quieres reinar conmigo, lleva tambien conmigo la cruz; porque solos los siervos de la cruz hallan la carrera de la bienaventuranza, y de la luz verdadera.

3 Señor, Jesus, pues que tu camino es estrecho, y despreciado en el mundo, concédeme que desprecie yo el mundo contigo: que no es mejor el siervo que su Señor, ni el discípulo que el Maestro. Ejercítese tu siervo en tu vida, que en ella

está mi salud, y la santidad verdadera. Cualquier cosa que fuera de ella oigo ó leo no me recrea, ni satisface del todo.

4 Hijo, pues sabes esto y has leido tanto, si lo hicieres, serás bienaventurado. El que abraza mis mandamientos y los guarda, ese es tal que me ama, y Yo le amaré, y me manifestaré á él, y le haré asentar conmigo en el reino de mi Padre.

5 Señor, Jesus, como lo dijiste y prometiste, asi me da tu gracia, para que lo merezca. Recibí de tu mano la cruz, yo la llevaré hasta la muerte, asi como Tú me la pusiste. Verdaderamente la vida del buen monge es cruz; mas guia para la gloria. Ya hemos comenzado, no se debe tornar atras, ni conviene dejarla.

6 Ea, hermanos, vamos

juntos, Jesus será con nosotros. Por Jesus tomemos esta cruz, que es nuestro capitan y adalid, y será nuestro ayudador. Mirad, que nuestro rey va delante de nosotros, que peleará por nosotros. Sigámosle varonilmente, ninguno tenga miedo de los terrores; estemos aparejados á morir con ánimo en lo batalla, y no demos tal afrenta á nuestra gloria, que huyamos de la cruz.

Capitulo LVII.

No debe acobardarse el que cae en alguna flaqueza.

1 Hijo, mas me agrada la paciencia y humildad en lo adverso, que el mucho consuelo y devocion en lo próspero. ¿Por que te entristece una pequeña cosa hecha, ó dicha contra ti? Aunque mas

fuera, no debias enojarte: mas ahora déjala pasar, porque no es lo primero ni nuevo, ni será lo postrero, si mucho vivieres. Harto esforzado te muestras, cuando ninguna cosa contraria te viene. Aconsejas bien, y sabes alentar á otros con palabras; mas cuando viene á tu puerta alguna repentina tribulacion, luego te falta consejo y esfuerzo. Mira tu gran flaqueza pues la ves por experiencia aun en muy ligeros acaecimientos: mas sábete que se hace por tu salud, cuando estas cosas y otras semejantes acaecen.

2 Pon en mí tu corazon, como mejor supieres: si te tocare la tribulacion, á lo menos no te derribe ni embarace mucho tiempo: sufre á lo menos con paciencia, si no puedes con alegría. Y si oyes algo contra razon, y sientes alguna indigna-

cion, refrénate, y no dejes salir de tu boca alguna palabra desordenada que escandalice á algun flaco. Presto se amansará el ímpetu que en tu corazon se levantó, y el dolor interior se volverá en dulzura, tornando la gracia. Yo vivo aun, dice el Señor, aparejado para ayudarte, y para consolarte mucho mas de lo acostumbrado si confias en mí, y me llamas con devocion.

3. Sosiega tu ánima, y apercíbete para trances mayores. Aunque te veas muchas veces atribulado, ó gravemente tentado, no está ya por esto todo perdido. Hombres eres, y no Dios: carne y no Angel: ¿cómo podrás tú estar siempre en un mismo estado de virtud, pues le faltó al Angel en el cielo, y al primer hombre en el Paraiso? Yo soy el que levan-

ta con entera salud á los que lloran, y traigo á mi divinidad los que conocen su flaqueza.

4 Señor, bendita sea tu palabra, dulce para mi boca mas que la miel y el panal. ¿Que haria yo en tantas tribulaciones y angustias, si Tú no me animases con tus santas palabras? ¿Llegando yo, pues, al puerto de la salvacion, que se me da de cuanto hubiere padecido? Dame buen fin, dame una dulce partida de este mundo. Dios mio, acuérdate de mí, y guíame por camino derecho á tu reino. Amen.

CAPITULO LVIII.

No se deben escudriñar las cosas altas, y los juicios ocultos de Dios.

1 Hijo, guárdate de disputar de altas cosas, de los

secretos juicios de Dios; porque uno es desamparado, y otro tiene tantas gracias; porque está uno muy afligido, y otro tan altamente ensalzado: Estas cosas exceden á toda humana capacidad, y no basta razon ni disputa alguna para investigar el juicio divino. Por eso cuando el enemigo te trajere esto al pensamiento, ó algunos hombres curiosos lo preguntaren, responde aquello del Profeta: justo eres, Señor, y justo tu juicio. Y aquello que dice: los juicios del Señor verdaderos son, y justificados en sí mismos. Mis juicios han de ser temidos, no examinados, porque no se comprenden con entendimiento humano.

2 Tampoco te pongas á inquirir ó disputar de los merecimientos de los Santos cuál

sea mas santo ó mayor en el reino del cielo. Estas cosas muchas veces causan contiendas y disensiones sin provecho: crian tambien soberbia y vanagloria, de donde nacen envidias y discordias cuando quiere uno preferir imprudentemente un Santo á otro, y otro quiere aventajarlo. Querer saber é inquirir tales cosas ningun fruto trae; antes desagrada mucho á los Santos, porque Yo no soy Dios de discordia, sino de paz, la cual consiste mas en verdadera humildad, que en la própia estimacion.

3 Algunos con celos de amor se aficionan á unos Santos mas que á otros; esto mas nace de afecto humano que divino. Yo soy el que crié á todos los Santos: Yo les dí la gracia: Yo les he dado la gloria:

Yo sé los méritos de cada uno:
Yo les previne con bendiciones
de mi dulzura: Yo conocí mis
amados antes de los siglos: Yo
los escogí del mundo, y no e-
llos á Mí: Yo los llamé por gracia, traje por misericordia: Yo
los llevé por diversas tentaciones: Yo los envié grandísimas
consolaciones, les dí mi perse-
verancia: Yo coroné su paciencia.

4. Yo conozco al primero y al
último: Yo los abrazo á todos,
con amor inestimable. Yo soy
digno de ser alabado en todos
mis Santos: Yo soy digno de
bendecir sobre todas las cosas,
y debo ser honrado por cada
uno de cuantos he engrandeci-
do, y predestinado sin preceder
algún merecimiento suyo. Por
eso, quien despreciare á uno
de mis pequeñuelos, no honra
al grande, porque Yo hice al

grande y al pequeño. Y el que quisiere disminuir alguno de los Santos, á mí me apoca y á todos los otros de mi reino: todos son una cosa por el vínculo de la caridad: todos del un voto, todos de un querer: todos se aman en uno.

5 Y lo que es sobre todo, que mas me aman á Mí que á sí, ni que á todos sus merecimientos; porque levantados sobre sí, y libres de su propio amor, se pasan de todo al mio, en el cual tambien se regocijan con mucho gozo. No hay cosa que los pueda apartar ni declinar, porque llenos de la verdad eterna, arden en fuego de mi amor, que no se puede apagar. Callen pues los hombres carnales y animales, y no disputen del estado de los Santos, pues no saben amar sino bienes particulares. Quita y po-

nen á su parecer, no como a-
grada á la eterna verdad.

6 Muchos hay llenos de ignorancia, mayormente los que
saben poco de espíritu, que
tarde saben amar alguno con
amor espiritual perfecto, y
aun los lleva mucho el afecto
natural y la amistad humana,
con la cual se inclinan mas á
unos que á otros; y así como
sienten de las cosas bajas, así
imaginan las celestiales. Mas
hay grandísima diferencia entre lo que piensan los hombres imperfectos, y lo que
saben los varones espirituales
por la enseñanza de Dios.

7 Pues guárdate, hijo, de tratar curiosamente de las cosas
que exceden tu saber: trabaja mas en esto, y mira que
puedas ser siquiera el menor en
el reino de Dios: y aunque
uno supiese cuál es mas santo

que otro, ó el mayor en el reino del cielo, ¿que le aprovecharia tal ciencia si no se humillase delante de Mí por este conocimiento, y se levantase á alabar mas puramente mi nombre? Mucho mas agradable es á Dios el que piensa la gravedad de sus propios pecados, y la poquedad de sus virtudes, y cuán lejos está de la perfeccion de los Santos, que el que porfia cuál sea mayor ó menor Santo. Mejor es rogar á los Santos con devotas oraciones y lágrimas, y con humilde corazon invocar su favor, que con vana pesquisa escudriñar sus secretos.

8 Ellos estan bien, y muy contentos si los hombres se quisiesen sosegar, y refrenar sus vanas lenguas. No se glorían de sus propios merecimientos, pues que ninguna cosa

sa buena se atribuyen á sí mismos, sino todo á Mí; porque Yo les dí todo cuanto tienen con infinita caridad. Llenos estan de tanto amor de la divinidad, y de abundancia de gozos, que ninguna parte de gloria les falta, ni les puede faltar cosa alguna de bienaventuranza. Todos los Santos cuanto mas altos estan en la gloria, tanto mas humildes son en sí mismos, y estan mas cercanos á Mí, y son muy amados de Mí. Por lo cual dice la Escritura que abatian sus coronas delante de Dios, y se postraron poniendo el rostro en el suelo delante del Cordero, y adoraron al que vive sin fin.

9 Muchos preguntan: quien es el mayor en el reino de los cielos, que no saben si serán dignos de ser contados con los menores. Gran cosa es ser en el cielo siquiera el menor, don-

de todos son grandes, porque todos se llamarán hijos de Dios, y lo serán. El menor será grande entre mil, y el pecador de cien años se ha de morir. Pues cuando preguntaron los Discípulos, quién fuese mayor en el reino de los cielos, oyeron estas palabras: si no os convirtiéredes, y os tornáredes pequeñitos como *niños*, no entrareis en el reino de los cielos. Por eso cualquiera que se humillare como pequeñito, aquel es el mayor en el reino del cielo.

10 ¡Ay de aquellos que se desdeñan de humillarse de voluntad con los pequeñitos; porque la puerta estrecha del reino celestial no les dejará entrar! ¡Ay de los ricos que tienen aqui sus deleites, que cuando entren los pobres en el reino de Dios, quedarán

ellos fuera llorando! Gozaos, humildes, y alegraos pobres, que vuestro es el reino de Dios si andais en verdad.

CAPITULO LIX.
Toda la esperanza y confianza se debe poner en solo Dios.

1 Señor, ¿que confianza tengo yo en esta vida? ¿O cual es mi mayor contento de cuantos hay debajo del cielo, sino Tú, Señor, mi Dios, cuyas misericordias no tienen número? ¿Adonde me fue bien sin Ti? ¿O cuando me pudo ir mal estando Tú presente? Mas quiero ser pobre por Ti, que rico sin Ti. Por mejor tengo peregrinar contigo en la tierra, que poseer sin Ti el cielo. Donde Tú estás alli es el cielo, y donde no, es infierno y muerte. A Ti deseo, y por esto es necesario dar gemidos y voces

en seguimiento tuyo con oracion fervorosa. En fin, yo no puedo confiar cumplidamente en alguno que me ayude con tiempo en las necesidades que se me ofrecen, sino en Ti solo, Dios mio. Tú eres mi esperanza, Tú mi confianza, Tú mi consolador, y muy fiel en todas las cosas.

2 Todos buscan sus intereses, Tú buscas solamente mi salud y mi aprovechamiento, y todas las cosas me conviertes en bien. Aunque algunas veces me dejas en diversas tentaciones y adversidades, todo lo ordenas para mi provecho, que sueles de mil modos probar tus escogidos. No menos debes ser amado y alabado cuando me pruebas, que si me colmases de consolaciones celestiales.

3 En Ti pues, Señor Dios,

pongo yo toda mi esperanza, porque eres mi refugio: en Ti pongo toda mi tribulacion y angustia; porque todo lo que mira fuera de Ti lo veo flaco y deleznable. Porque no me aprovecharon los muchos amigos, ni me podrán ayudar los defensores valientes, ni los consejeros discretos me darán respuesta provechosa, ni los libros de los doctos me podrán consolar, ni alguna cosa preciosa librar, ni algun secreto defender, si Tú mismo no estás presente, y me ayudas, esfuerzas, consuelas, enseñas, y guardas.

4 Porque todo lo que parece algo para ganar la paz y bienaventuranza, es nada si Tú estás ausente, ni da en verdad bienaventuranza alguna. Tú pues eres fin de todos los bienes y alteza de la vida, y abis-

mo de palabras: y esperar en Ti sobre todo es grandísima consolacion para tus siervos. A Ti, Señor, levanto mis ojos, en Ti confio, Dios mio, Padre de misericordias. Bendice y santifica mi ánima con bendicion celestial, para que sea morada santa tuya, y silla de tu gloria eterna; y no haya en este templo cosa de indignidad que ofenda los ojos de tu Magestad inmensa. Mírame segun la grandeza de tu bondad, y segun la multitud de tus misericordias; y oye la oracion de este pobre siervo tuyo, desterrado tan lejos en la region de la sombra de la muerte. Defiende y conserva el ánima de este tu pequeñuelo esclavo, entre tantos peligros de esta vida corruptible; y acompañándola tu gracia, guiala por la carrera de la paz á la patria de la perpetua claridad. Amen.

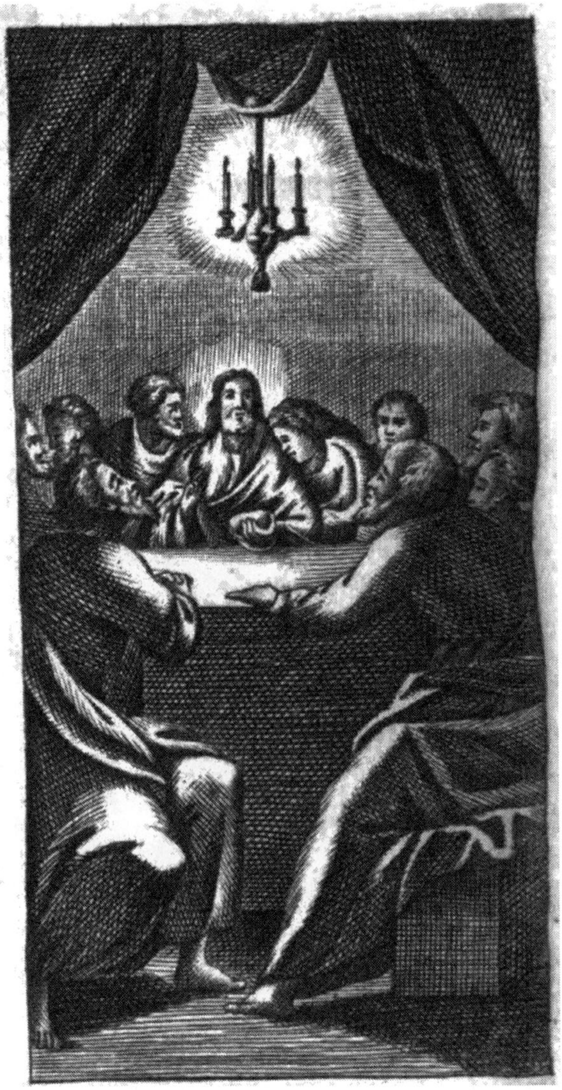

DE LA
IMITACION DE CRISTO.

LIBRO CUARTO.

TRATA DEL SANTÍSIMO SACRA-
MENTO DE LA EUCARISTÍA.

Amonestacion devota á la sagrada comunion.

LA VOZ DE CRISTO.

Venid á Mí todos los que trabajais, y estais cargados, que Yo os recrearé, dice el Señor. El pan que os daré, es mi carne, por la vida del mundo. Tomad, y comed: este es mi Cuerpo, que será entregado por vosotros: haced esto en memoria de Mí: el que come mi carne y bebe mi sangre, en Mí está, y Yo en él. Las palabras que Yo os he dicho, espíritu y vida son.

CAPÍTULO PRIMERO.

Con cuánta reverencia se ha de recibir á Jesucristo.

LA VOZ DEL DISCÍPULO.

1 Cristo, verdad eterna, estas son tus palabras, aunque no fueron pronunciadas en un tiempo, ni escritas en un mismo lugar; y pues son palabras tuyas, muy de grado y fielmente las debo yo recibir todas. Tuyas son, y Tú las dijiste: mias son tambien, pues las dijiste por mi salud. Muy de grado las recibo de tu boca para que sean mas estrechamente esculpidas en mi corazon. Despiértanme palabras de tanta piedad, llenas de dulzura y de amor: mas por

otra parte mis propios pecados me espantan, y mi mala conciencia me retrae de recibir tan altos misterios. La dulzura de tus palabras me convida; mas la multitud de mis vicios me carga.

2 Mándasme que me llegue á Ti con gran confianza si quiero tener parte contigo: y que reciba el manjar de la inmortalidad, si deseo alcanzar vida y gloria para siempre. Venid, dices, á Mí todos los que trabajais y estais cargados, que Yo os recrearé. ¡O dulce y amigable palabra en el oido del pecador, que Tú, Señor, Dios mio, convidas al pobre y al mendigo á la comunion de tu santísimo Cuerpo! ¿Mas quien soy yo, Señor, que presuma llegar á Ti? Veo que en los cielos de los cielos no cabes, y Tú dices: venid a Mí todos.

3 ¿Qué quiere decir esta tan piadosa misericordia, y este tan amigable convite? ¿Cómo osaré llegar yo, que en mí no conozco cosa buena? ¿De que puedo presumir? ¿Cómo te pondré en mi casa, viendo que muchas veces ofendí tu benignísimo rostro? Los Ángeles y Arcángeles tiemblan: los Santos y justos temen; y Tú dices: venid á Mí todos. Si Tú, Señor, no dijeses esto, ¿quien osaria creerlo? ¿Y si Tú no lo mandases, quien se atreveria á llegar á Tí?

4 Noé, varon justo, trabajó cien años en fabricar una arca para guarecerse con pocos: ¿pues como podré yo en una hora aparejarme para recibir con reverencia al que fabricó el mundo? Moisés, tu gran siervo y tu amigo especial, hizo el arca de madera

incorruptible, y la guarneció de oro purísimo para poner en ella las tablas de la Ley; y yo, criatura podrida, osaré recibir tan fácilmente á Ti, hacedor de la Ley, y dador de la vida? Salomon, que fue el mas sabio de los Reyes de Israel, en siete años edificó en honor de tu nombre un magnífico Templo, y celebró ocho dias la fiesta de su dedicacion, y ofreció mil sacrificios pacíficos, y asentó con mucha solemnidad el arca del Testamento con músicas y regocijos en el lugar que estaba prevenido; y yo, miserable y el mas pobre de los hombres ¿como te meteré en mi casa, que dificultosamente gasto con devocion media hora? Y aun pluguiese á Dios que alguna vez una media hora gastáse bien!

5 ¡O Dios mio! ¡cuánto estu-

diaron aquellos por agradarte! ¡Ay de mí! ¡Cuan poquito es lo que yo hago! ¡Cuan poco tiempo gasto en aparejarme para la comunion! Pocas veces estoy del todo recogido, y mucho menos limpio de toda distraccion: y por cierto que en la presencia saludable de tu deidad no me deberia ocurrir pensamiento alguno poco decente, ni me habia de ocupar criatura alguna; porque no voy á recibir en mi aposento á algun Angel, sino al Señor de los Angeles.

6 Fuera de que hay grandísima diferencia entre la arca del Testamento con sus reliquias, y tu purísimo Cuerpo con sus inefables virtudes: entre los sacrificios de la Ley antigua que figuraban los venideros y el sacrificio verdadero de tu Cuerpo, que es

el cumplimiento de todos los sacrificios antiguos.

7 ¿Pues por que ya no me enciendo mas en tu venerable presencia? ¿Por que no me aparejo con mayor cuidado para recibirte en el Sacramento, pues los antiguos Santos, Patriarcas y Profetas, los Reyes tambien y Príncipes con todo el pueblo mostraron tanta devocion al culto divino?

8 El devotísimo Rey David bailó con todos sus afectos delante del arca de Dios, acordándose de los beneficios concedidos á los Padres en el tiempo pasado: hizo órganos de diversas maneras: compuso salmos, y ordenó que se cantasen con alegría, y aun él mismo los cantó muchas veces en la harpa; inspirado de la gracia del Espíritu Santo enseñó al pueblo de Israel á alabar á

Dios de todo corazon, y bendecirle, y celebrarle cada dia con consonancia de voces. Pues si tanta era entonces la devocion, y tanta fue la memoria de la honra divina delante del arca del Testamento, ¿cuanta reverencia y devocion debo yo tener y todo el pueblo cristiano en presencia del Sacramento en la comunion del excelentísimo Cuerpo de Cristo?

9 Muchos corren á diversos lugares para visitar las reliquias de los Santos, y se maravillan de oir sus hechos; miran los grandes edificios de los templos, y besan los sagrados huesos, guardados en oro y sedas; y Tú estás aquí presente delante de mí en el altar. Dios mio, Santo de los Santos, Criador de los hombres, y Señor de los Angeles, muchas veces la

curiosidad de los hombres y la novedad de las cosas que van á ver, es ocasion de ir á visitar cosas semejantes, y de allá traen muy poco fruto de enmienda, mayormente cuando andan con liviandad de una parte á otra sin contricion verdadera. Mas aqui en el Sacramento del altar, enteramente estás Tú presente, Dios mio y hombre Jesucristo, en el cual Sacramento se recibe copioso fruto de eterna salud, todas las veces que te recibieron digna y devotamente: y á esto no nos trae alguna liviandad ó curiosidad, ni sensualidad; mas la firme fe, esperanza devota y pura caridad.

10 ¡O Dios invisible, Criador del mundo, cuán maravillosamente lo haces con nosotros! ¡Cuan suave y graciosamente lo ordenas con tus

escogidos, á los cuales te ofreces en este Sacramento para que te reciban! Esto en verdad excede todo entendimiento; esto especialmente cautiva los corazones de los devotos, y enciende los afectos; porque los verdaderos fieles tuyos que ordenan toda su vida para enmendarse, de este Sacramento dignísimo reciben contiduamente grandísima gracia de devocion y amor de la virtud.

11 ¡O admirable y escondida gracia de este Sacramento, la cual conocen solamente los fieles de Cristo! Pero los infieles y los que estan en pecado no la pueden gustar. En este Sacramento se da gracia espiritual, y se repara en el ánima la virtud perdida, y reflorece la hermosura afeada por el pecado. Tanta es algu-

nas veces esta gracia, que de la abundancia de devocion que da, no solo el ánima, mas aun el cuerpo flaco siente haber recibido fuerzas mayores.

12 Pero es muy mucho de llorar nuestra tibieza y negligencia, que no vamos con mayor afecto á recibir á Cristo; en el cual consiste toda la esperanza y el mérito de los que se han de salvar; porque él es nuestra santificacion y redencion, él es consuelo de los que caminan, y gozo eterno de los Santos. Y asi es mucho de llorar el descuido que muchos tienen en este salutífero Sacramento que alegra al cielo, y conserva al universo mundo. ¡O ceguedad y dureza del corazon humano, que tan poco mira á tan inefable don! Antes de la mucha frecuencia ha venido á reparar menos en él.

14 Porque si este sacratísimo Sacramento se celebrase en un solo lugar, y se consagrase por un solo Sacerdote en el mundo, ¿con cuanto deseo piensas se aficionarían los hombres á aquel lugar y á tal Sacerdote de Dios, por verle celebrar los misterios divinos? Mas ahora hay muchos Sacerdotes, y se ofrece Cristo en muchos lugares para que se muestre tanto mayor la gracia y amor de Dios al hombre, quanto la sagrada comunion es mas liberalmente comunicada por el mundo. Gracias á Ti, buen Jesus, Pastor eterno, que tuviste por bien de recrearnos á nosotros, pobres y desterrados, con tu precioso Cuerpo y Sangre, y tambien convidarnos con palabras de tu propia boca á recibir estos misterios, diciendo: venid á Mí todos

los que trabajais y estais cargados, que Yo os recrearé.

Capitulo II.

Cómo se da al hombre en el Sacramento la gran bondad, y caridad de Dios.

LA VOZ DEL DISCIPULO.

1 Señor, confiando en tu bondad y gran misericordia, vengo enfermo al Salvador; hambriento y sediento á la fuente de la vida; pobre al Rey del cielo; siervo al Señor; criatura al Criador; desconsolado á mi piadoso consolador. ¿Mas de donde á mí tanto bien, que Tú vengas á mí? ¿Quien soy yo, para que te me des á Ti mismo? ¿Como osa el pecador parecer delante de Ti? ¿Y cómo Tú tienes por bien de venir al pecador? Tú

conoces á tu siervo, y sabes que ningun bien hay en él, porque merezca que Tú le hagas este beneficio. Yo te confieso mi vileza, reconozco tu bondad, alabo tu piedad, y te hago gracias por tu excelentísima caridad. Pues por Ti mismo haces todo esto, no por mis merecimientos; porque tu bondad me sea mas manifiesta, me sea comunicada mayor caridad, y la humildad sea mas engrandecida. Pues asi te agrada á Ti, y asi lo mandaste hacer, tambien me agrada á mí, que Tú lo hayas tenido por bien: plégote, Señor, que no lo impida mi maldad.

2 ¡O dulcísimo, y benignísimo Jesus! ¡Cuánta reverencia y gracias, con perpetua alabanza, te son debidas por la comunion de tu sacratísimo Cuerpo, cuya dignidad ningu-

no se halla que la pueda explicar! ¿Mas que pensaré en esta comunion, cuando me quiero llegar á Ti, Señor; pues no te puedo honrar debidamente, y deseo recibirte con devocion? ¿Que cosa mejor, y mas saludable pensaré, sino humillarme del todo delante de Ti, y ensalzar tu infinita bondad sobre mí? Alábote, Dios mio, y para siempre sujétome á Ti, en el abismo de mi viléza.

3. Tú eres el Santo de los Santos, y yo el mas vil de los pecadores; y te inclinaste á mí, que no soy digno de alzar los ojos á tu rostro! Veo que Tú vienes á mí, y quieres estar conmigo. Tú me convidas á tu mesa: Tú me quieres dar el manjar celestial, y el pan de los Angeles para comerlo; que no es otra cosa por cierto, sino Tú mismo, pan vivo, que

descendiste del cielo, y das vida al mundo.

4 De aquí procede el amor tan grande, que declaran como lo tienes por bien. ¡Cuan grandes gracias y loores se te deben por tales mercedes! ¡O cuan saludable y provechoso fue tu consejo, cuando ordenaste este Sacramento! ¡Cuan suave, y cuan alegre convite, cuando á Ti mismo te diste en manjar! ¡O cuan admirable es tu obra, Señor! ¡Cuan poderosa tu virtud! ¡Cuan inefable tu verdad! Pues Tú lo dijiste, y fue hecho todo el mundo; y así, esto es hecho, porque Tú mismo lo mandaste.

5 Maravillosa cosa, y digna de creer, y que vence al entendimiento humano, que Tú, Señor, Dios mio, verdadero Dios y hombre, eres contenido enteramente debajo de las

especies de aquel poco de pan y vino, y sin detrimento eres comido por el que te recibe. Tú, Señor de todos, que no tienes necesidad alguna, quisiste morar entre nosotros por tu Sacramento: conserva mi corazon y mi cuerpo sin mancha, porque pueda muchas veces, con alegre y limpia conciencia, celebrar tus misterios, y recibirlos para mi salud perpetua, los cuales ordenaste y estableciste principalmente para honra tuya, y memoria continua.

6 Alégrate, ánima mia, y da gracias á Dios por tan notable don, y consuelo tan singular, que te fue dejado en este valle de lágrimas. Porque cuantas veces te acuerdas de este misterio, y recibes el Cuerpo de Cristo, tantas representas la obra de tu reden-

ción, y te haces participante de todos los merecimientos de Jesucristo; porque la caridad de Cristo nunca se apoca, y la grandeza de su misericordia nunca se mengua.

7. Por eso te debes disponer siempre á esto con nueva devocion del ánima, y pensar con atenta consideracion este gran misterio de salud. Así te debe parecer tan grande, tan nuevo y alegre cuando celebras, ú oyes misa, como si fuese el mismo dia, en que Cristo, descendiendo en el vientre de la Vírgen, se hizo hombre; ó aquel en que puesto en la cruz, padeció y murió por la salud de los hombres.

CAPITULO III.

Que es cosa provechosa comulgar muchas veces.

LA VOZ DEL DISCIPULO.

1. Veisme aquí, Señor, vengo á Tí, porque me vaya bien con este don tuyo, y esté gozoso con tu santo convite, que tú Dios mio, aparejaste, con tu dulzura para el pobre: en Tí está todo lo que puedo y debo desear: Tú eres mi salud y redención, mi esperanza y fortaleza, mi honra, y mi gloria. Pues alegra hoy el ánima de tu siervo, que á Tí, Señor Jesus, yo he levantado mi espíritu. Ahora deseo yo recibirte con devoción y reverencia: deseo meterte en mi casa, de manera, que merezca yo, como Zaqueo, ser bendito de

Ti, y contado entre los hijos de Abrahan. Mi ánima desea tu sagrado Cuerpo, mi corazon desea ser unido contigo.

2 Date, Señor, á mí, y basta; porque sin Ti, ninguna consolacion satisface; sin Ti, no puedo ser; y sin tu visitacion no puedo vivir. Por eso me conviene allegarme muchas veces á Ti, y recibirte para remedio de mi salud; porque no desmaye en el camino, si fuere privado de este manjar celestial. Pues Tú, benignísimo Jesus, predicando á los pueblos, y curando diversas enfermedades, dijiste: no quiero consentir que se vayan á su casa ayunos, porque no desmayen en el camino: haz pues, ahora conmigo de esta suerte, que te dejaste en el Sacramento, para consolacion de los fieles. Tú eres

suave hartura del ánima, y quien te comiere dignamente, será participante y heredero de la gloria eterna. Necesario me es á mí, por cierto que tantas veces caigo y peco, tan presto me hago torpe y desmayo, que por muchas oraciones y confesiones, y por la sagrada comunion de tu Cuerpo, me renueve, me limpie y encienda; porque absteniéndome de comulgar mucho tiempo, podria ser que cayese de mi santo propósito.

3 Los sentidos del hombre estan inclinados al mal desde su mocedad; y si no le socorre la medicina divina, luego cae el hombre en lo peor. Asi que la santa comunion retrae del mal, y conforta en lo bueno. Y si comulgando, ó celebrando ahora soy tan negligente y tibio, ¿que haria si no toma-

se tal medicina, y si no buscase remedio tan grande? Y aunque no estoy aparejado cada dia, ni bien dispuesto para celebrar, trabajaré todavía por recibir los misterios divinos en los tiempos convenientes, para hacerme participante de tanta gracia.

4. ¡O maravillosa voluntad de tu piedad para con nosotros, que Tú, Señor Dios, Criador, y vida de todos los espíritus, tienes por bien de venir á una pobrecilla ánima, y satisfacer su hambre con toda tu divinidad y humanidad! ¡O dichoso espíritu, y bendita ánima, que merece recibir con devoción á Ti, Señor Dios suyo, y ser llena de gozo espiritual en tu recibimiento! O cuán gran Señor recibe: cuán amado huésped aposenta: cuán alegre compañera acoge: cuán fiel

amigo aceptas: cuán hermoso y noble esposo abraza, más de amar, que todo lo que se puede amar ni desear. Callen en tu presencia, dulcísimo amado mio, el cielo y la tierra, y todo su arreo; porque todo lo que tienen de alabar y de admirar, de la bondad de tu largueza es; y nunca llegarán á tu hermosura, cuya sabiduría no tiene número.

CAPITULO IV.

Cómo se conceden muchos bienes á los que devotamente comulgan.

LA VOZ DEL DISCIPULO.

Señor, Dios mio, preven á tu siervo con bendicion de tu dulzura, porque merezca llegar digna y devotamente á tu magnífico Sacramento.

Despierta y aviva mi corazon en Ti, y despójame de la pesadumbre del cuerpo: visítame en tu salud, para que guste en tu espíritu tu suavidad, la cual está escondida en ese Sacramento colmadísimamente, como en fuente; alumbra tambien mis ojos, para que pueda mirar tan alto misterio; y esfuérzame, para creerlo con firmísima fe; porque obra tuya es, y no poder humano; sagrada ordenacion tuya es, y no invencion de hombres: no hay por cierto, ni se puede hallar alguno suficiente por sí, para entender cosas tan altas, que aun á la sutileza angélica exceden. Pues yo, pecador indigno, tierra y ceniza, ¿que puedo escudriñar, y entender de tan alto secreto.

2 Señor, en simplicidad de

mi corazon, en buena y firme fe, y por tu mandado vengo á Ti, con esperanza y reverencia; y creo verdaderamente que estas presente aqui en el Sacramento, Dios y Hombre. Pues quieres que yo reciba, y que me una contigo en caridad: por eso suplico á tu clemencia, y pido me sea dada una especial gracia, para que todo me desaga en Ti, y rebose de amor, y que no cuide mas de otra alguna consolacion. Por cierto este altísimo, y dignísimo Sacramento es salud del ánima y cuerpo, medicina de toda enfermedad espiritual, con la cual se curan mis vicios, refrénanse mis pasiones, las tentaciones se vencen y disminuyen, dase mayor gracia, la virtud comenzada crece, confirmase la fe, esfuérzase la esperanza, enciéndesee la caridad, y se dilata.

3. Porque muchos bienes has dado, y siempre das en este Sacramento á tus amados, que devotamente comulgan, Dios mio, huésped de mi ánima, reparador de la enfermedad humana, y dador de toda consolacion interior. Tú les infundes mucho consuelo contra diversas tribulaciones, y de lo profundo de su propio desprecio, los levantas á la esperanza de tu defensa, y con una nueva gracia los recreas y alumbras de dentro; porque los que antes de la comunion se habian sentido congojados y sin devocion, despues recreados con este sustento celestial, se hallan muy mejorados. Y esto haces de gracia con tus escogidos, porque conozcan verdaderamente, y manifiestamente experimenten cuanta

flaqueza tienen de sí, y cuán grande bondad, y gracia de Ti alcanzan: porque de sí mismos merecen ser frios, duros é indevotos; mas de Ti, ardientes, devotos y alegres. ¿Pues quien, llegando humildemente á la fuente de la suavidad, no vuelve con algo de dulzura? ¿O quien está cerca de algun gran fuego que no reciba algun calor? Tú eres fuente llena, que siempre mana y rebosa; fuego que de continuo arde y nunca desfallece.

4. Por esto, si no me es lícito sacar de la plenitud de la fuente, ni beber hasta hartarme, pondré siquiera mis labios á la boca del conducto celestial, para que á lo menos reciba de allí algun destello para refrigerar mi sed, y no me seque totalmente. Y si no puedo del todo ser celestial, y tan

abrasado como los Serafines y Querubines, trabajaré á lo menos por darme á la devocion, y aparejar mi corazon para buscar siquiera una pequeña llama del divino incendio, mediante la humilde comunion de este Sacramento, que da vida. Pero todo lo que me falta, buen Jesus, Salvador santísimo, súplelo Tú benigna y graciosamente por mí; pues tuviste por bien de llamar á todos, diciendo: venid á mí todos los que trabajais y estais cargados, que Yo os recrearé.

5 Pues yo trabajo con sudor de mi rostro, con dolor de corazon, soy atormentado, estoy cargado de pecados, combatido de tentaciones, envuelto y agravado de muchas pasiones, y no hay quien me valga, no hay quien me libre y salve, sino Tú Señor Dios,

Salvador mio, á quien me encomiendo, y todas mis cosas para que me guardes, y lleves á la vida eterna. Recíbeme para honra y gloria de tu nombre; pues me aparejaste tu Cuerpo y Sangre en manjar y bebida. Concédeme, Señor Dios, Salvador mio, que crezca el afecto de mi devocion con la continuacion de este misterio.

Capitulo V.

De la dignidad del Sacramento, y del estado sacerdotal.

LA VOZ DEL AMADO.

1 Aunque tuvieses la pureza de los Angeles, y la santidad de San Juan Bautista, no serias aun digno de recibir, ni tratar este Sacramento; porque no cabe en mere-

cimiento humano, que el hombre consagre, y trate el Sacramento de Cristo, y coma el pan de los Angeles. Grande es este misterio, y grande es la dignidad de los Sacerdotes, á los cuales es dado lo que no es concedido á los Angeles; pues solos los Sacerdotes ordenados en la Iglesia, tienen poder de celebrar y consagrar el Cuerpo de Jesucristo. El Sacerdote es ministro de Dios, y usa de palabras de Dios, por el mandamiento y ordenacion de Dios: mas Dios es allí el principal autor y obrador invisible, al cual está sujeta cualquier cosa que quisiere, y le obedece todo lo que mandare.

Y así pues, mas debes creer á Dios todopoderoso en este excelentísimo Sacramento, que á tu propio sentido ó alguna señal visible: y por eso

de Cristo. Lib. IV.

con temor y reverencia debe el hombre llegar á este misterio. Sé cuidadoso sobre ti mismo, y mira que oficio te han encomendado por manos del Obispo. Mira como eres ordenado Sacerdote, y consagrado para celebrar: mira ahora, que fielmente, y con devocion ofrezcas á Dios el sacrificio en su tiempo, y te conserves sin reprension. No has aliviado tu carga; antes bien, con mas estrecha caridad, estas atado y obligado á mayor perfeccion de santidad. El Sacerdote debe estar adornado de todas las virtudes, y ha de dar á los otros ejemplo de buena vida: su conversacion no ha de ser con los comunes ejercicios de los hombres, mas con los Angeles en el cielo, ó con los varones perfectos en la tierra.

3. El Sacerdote vestido de

las vestiduras sagradas, tiene el lugar de Cristo, para rogar devota y humildemente á Dios por sí, y por todo el pueblo. El tiene la señal de la cruz de Cristo delante de sí, y en las espaldas, para que continuamente tenga memoria de su sacratísima Pasion. Delante de sí, en la casulla, trae la cruz, porque mire con diligencia las pisadas de Cristo, y estudie en seguirle con fervor. En las espaldas está tambien señalado de la cruz, para que sufra con paciencia por Dios cualquiera injuria que otro le hiciere. La cruz lleva delante, porque llore sus pecados; y detras la lleva, porque llore por compasion los agenos, y sepa que es medianero entre Dios y el pecador, y no cese de orar, ni ofrecer el santo sacrificio, hasta que merezca alcanzar la gracia, y misericordia divina. Cuando el Sacerdote celebra, honra á Dios, alegra á los Angeles, y edifica á la iglesia, ayuda á los vivos, da descanso á los difuntos, y hácese participante de todos los bienes.

CAPITULO VI.

Pregunta qué se debe hacer antes de la comunion.

LA VOZ DEL DISCIPULO.

1 Señor, cuando pienso tu dignidad y mi vileza, tengo gran temblor, y hállome confuso; porque si no me llego á Ti, huyo de la vida: y si indignamente me atrevo, caigo en ofensa. ¿Pues que haré, Dios mio, ayudador mio, consejero mio, en las necesidades?

2 Enséñame Tú la carrera derecha: proponme algun ejercicio conveniente á la sagrada comunion; porque es útil saber de que modo deba yo aparejar mi corazon con devocion y reverencia, para recibir saludablemente tú Sacramento, ó para celebrar tan grande y divino sacrificio.

CAPITULO VII.

Del exámen de la conciencia propia, y del propósito de la enmienda.

LA VOZ DEL AMADO.

1 Sobre todas las cosas, es necesario que el Sacerdote de Dios llegue á celebrar, tratar y recibir este Sacramento con grandísima humildad de corazon, y con devota reverencia, con llena fe y con pia

dosa intención de la honra de Dios. Examina diligentemente tu conciencia, y según tus fuerzas, límpiala y aclárala con verdadera conciencia, y humilde confesion; de manera, que no te quede cosa grave que sepas, la cual te remuerda, é impida de llegar libremente al Sacramento. Ten aborrecimiento de todos tus pecados generalmente, y por los pecados que cada dia cometes, duélete, y gime mas particularmente; y si el tiempo lo permite, confiesa á Dios todas las miserias de tus pasiones en lo secreto de tu corazon.

2 Gime, y duélete, que aun eres tan carnal y mundano, tan vivo en las pasiones, tan lleno de movimientos de concupiscencias, tan poco recatado en los sentidos exterio-

res, tan envuelto muchas veces en vanas fantasías, tan inclinado á las cosas exteriores, tan negligente á las interiores, tan ligero á la risa y á la desórden, tan duro para llorar y arrepentirte, tan aparejado á flojedades y regalos de la carne, tan perezoso al rigor y al fervor, tan curioso á oir nuevas, y á ver cosas hermosas, tan remiso á abrazar las humildes y despreciadas, tan codicioso de tener mucho, tan encogido en dar, tan avariento en retener, tan indiscreto en hablar, tan mal sufrido en callar, tan descompuesto en las malas costumbres, tan importuno en las obras, tan desordenado en el comer, tan sordo á las palabras de Dios, tan presto para holgarte, tan tardío para trabajar, tan despierto para chistes, tan dormido para las vigilias sagradas, tan apresurado para acabarlas, tan vago en la atencion, tan negligente en rezar el Oficio divino, tan tibio en celebrar, tan seco en comulgar, tan presto distraido, tan tarde bien recogido, tan fácilmente conmovido á la ira, tan aparejado para dar enojos, tan dispuesto para juzgar, tan riguroso en reprender, tan alegre en lo próspero, tan caido en lo adverso, tan de continuo proponiendo muchas cosas buenas sin ponerlas por obra.

3 Confesados y llorados estos y otros defectos tuyos con dolor y gran descontento de tu propia flaqueza, propon firmemente de enmendar tu vida, y mejorarla de allí adelante. Despues con total renunciacion y entera voluntad ofrécete á ti mismo en honra

de mi nombre en altar de tu corazon, como sacrificio perpetuo que es, encomendándome á Mí tu cuerpo y tu ánima fielmente; porque de esta manera merezcas dignamente llegar á ofrecer el sacrificio, y recibir saludablemente al Sacramento de mi Cuerpo.

4 No hay ofrenda mas digna, ni mayor satisfaccion para quitar los pecados, que en la misa y comunion ofrecerse á sí mismo á Dios pura y enteramente con el sacrificio del Cuerpo de Cristo. Si el hombre hiciere lo que es en su mano, y se arrepintiera verdaderamente, ¿cuantas veces viniera á Mí por perdon y gracia? Vivo Yo, dice el Señor, que no quiero la muerte del pecador, sino que se convierta y viva; porque no me acordaré mas de sus pecados; mas

todos le serán perdonados.

CAPITULO VIII.

Del ofrecimiento de Cristo en la Cruz, y de la propia renunciacion.

LA VOZ DEL AMADO.

1. Asi como Yo me ofrecí á Mí mismo por tus pecados á Dios Padre con gran voluntad, Yo estendí las manos en la Cruz, desnudo el cuerpo, de modo que no me quedaba cosa que todo no pasase en sacrificio para aplacar á Dios: asi debes tú cuanto mas entrañablemente puedas, ofrecerte á ti mismo de toda voluntad á Mí en sacrificio puro y santo cada dia en la Misa con todas tus fuerzas y deseos. ¿Que otra cosa mas quiero de ti, sino que cuides

de renunciarte del todo en Mí? Cualquier cosa que me das sin ti, no gusto de ella, porque no quiero tu don, sino á ti mismo.

2 Asi como no te bastarian todas las cosas sin mí, asi no puede agradarme á mí cuanto me ofrecieres sin ti. Ofrécete á Mí, y date todo por Dios, y será muy acepto tu sacrificio. Mira como Yo me ofrecí todo al Padre por ti; y tambien te dí todo mi Cuerpo y Sangre en manjar, para ser todo tuyo, y que tú quedases todo mio. Mas si tú estás en ti mismo, y no te ofreces muy de gana á mi voluntad, no es cumplida ofrenda la que haces, ni será entre nosotros entera la union. Por eso primero que todas tus obras debe preceder el ofrecimiento voluntario de ti mismo en las

manos de Dios, si quieres alcanzar libertad y gracia; porque por eso tan pocos se hacen varones ilustrados y libres en lo interior, porque no saben del todo negarse á sí mismos. Esta es mi firme sentencia: que no puede ser mi discípulo el que no renunciare todas las cosas; por lo cual, si tú deseares ser, ofrécete á ti mismo con todos tus deseos.

CAPITULO IX.

Que debemos ofrecernos á Dios con todas nuestras cosas, y rogarle por todas.

LA VOZ DEL DISCÍPULO.

1 Señor, tuyo es todo lo que está en el cielo y en la tierra. Yo deseo ofrecerme á tí de mi voluntad, y quedar tuyo para siempre. Señor, con

sencillo corazon me ofrezco hoy á Ti por siervo perpetuo en servicio y sacrificio de eterna alabanza. Recíbeme con este santo Sacrificio de tu precioso Cuerpo, que te ofrezco hoy en presencia de los Angeles que estan asistiendo invisiblemente, que sea para salud mia y de todo el pueblo.

2 Señor, yo te ofrezco á Ti todos mis pecados y delitos, cuantos he cometido en tu presencia y de tus santos Angeles, desde el dia que pude pecar hasta hoy, sobre tu altar que amansa tu ira, para que Tú los abrases todos juntamente, y los quemes con el fuego de tu caridad, y quites todas las mancillas de mis pecados, y limpies mi conciencia de todo pecado, y me restituyas tu gracia, la cual perdí pe-

cando: perdóname plenariamente, y levántame por tu bondad al ósculo santo de tu paz.

3 ¿Que puedo yo hacer por mis pecados sino confesarlos humildemente, llorando y rogando á tu misericordia sin cesar? Ruégote pues que me oigas con misericordia aqui donde estoy delante de Ti, Dios mio. A todos mis pecados aborrezco mucho, y no quiero ya cometerlos; mas pésame de ellos, y cuanto yo viviere me pesará mucho de haberlos cometido. Dispuesto estoy para hacer penitencia y satisfacer segun mis fuerzas. O Dios, perdona, perdona mis pecados por tu santo nombre. Salva mi ánima que redimiste con tu preciosa Sangre. Ves aqui, Señor, que me pongo en manos de tu misericordia, me resigno en

tu voluntad: haz conmigo segun la bondad tuya, y no segun mi malicia y engaño.

4 Tambien te ofrezco, Señor, todos mis bienes, aunque son imperfectos y pocos, para que Tú los enmiendes y santifiques, para que los hagas agradables y aceptos á Ti, y lleves siempre las perfecciones adelante, y á mí, hombrecillo inútil y perezoso al bienaventurado fin.

5 Tambien te ofrezco todos los santos deseos de los devotos, y las necesidades de mis padres, amigos, hermanos, parientes y de todos mis conocidos, y de todos cuantos me han hecho bien, y á otros por tu amor; y de todos los que desearon y pidieron que yo orase ó dijese Misa por ellos y por todos los suyos, vivos y difuntos, por-

que todos sientan el favor de tu gracia, la ayuda de tu consolacion y defension en los peligros, el alivio de los trabajos; y que libres de todos los males, te den muy alegres y cordialísimas gracias.

6 Tambien te ofrezco estas oraciones y sacrificios agradables, especialmente por los que en algo me han enojado ó vituperado, ó algun daño ó agravio me hicieron, y por todos los que yo alguna vez enojé, turbé, agravié y escandalicé por palabra, por obra, por ignorancia ó advertidamente; porque Tú nos perdones á todos nuestros pecados y á las ofensas que hacemos unos á otros. Aparta, Señor, de nuestros corazones toda sospecha mala, toda ira, indignacion y contienda, y todo lo que pueda estórbar la

caridad, y disminuir el amor del prójimo. Ten misericordia, ten misericordia, Señor, de los que te la pidan, da tu gracia á los necesitados, y haznos tales que seamos dignos de gozar tu gracia, y aprovechemos para la vida eterna.

Capítulo X.

No se debe dejar ligeramente la sagrada comunion.

LA VOZ DEL AMADO.

1 Muy á menudo debes acudir á la fuente de gracia y de la misericordia, á la fuente de la bondad y de toda limpieza, para que puedas estar sano de tus pasiones y vicios, y merezcas quedar mas fuerte y mas despierto contra todas las tentaciones y engaños del demo-

nio. El enemigo sabiendo el grandísimo fruto y remedio que está en la Sagrada comunion, trabaja por todas las vias y ocasiones, en cuanto puede retraer y estorbar á los fieles y devotos.

2. Porque luego que algunos se disponen para aparejarse á la sagrada comunion, padecen peores tentaciones de Satanás, que antes. El espíritu maligno, segun se escribe en Job, viene entre los hijos de Dios para turbarlos con su acostumbrada malicia, ó para hacerlos mas temerosos y escrupulosos; porque asi disminuye su afecto, ó acusándoles, les quita la fe, ó que dejen del todo la comunion, ó lleguen á ella tibios y sin fervor. Mas no debemos cuidar de sus astucias y tentaciones por mas torpes y espantosas que sean, mas que-

brantarlas todas en su cabeza: procura despreciar al desdichado, y búrlate de él, y no dejes la sagrada comunion por todos tus acometimientos y las turbaciones que levantare.

3 Muchas veces tambien estorba la demasiada ansia de tener devocion y alguna congoja de confesarse. Haz en esto lo que te aconsejan los sabios, y deja la ansia y el escrúpulo, porque impide la gracia de Dios, y destruye la devocion del ánima. No dejes la sagrada comunion por alguna pequeña tribulacion ó pesadumbre; mas vete luego á confesar, y perdona de buena voluntad todas las ofensas que te han hecho: mas si tú has ofendido á alguno pídele perdon con humildad, y Dios te perdonará de buena gana.

1 ¿Que aprovecha dilatar

mucho la confesion ó la sagrada comunion? Límpiate luego si te manchaste, escupe luego la ponzoña, toma presto el remedio, y te hallarás mejor que si mucho tiempo lo dilatares: si hoy lo dejas por alguna ocasion, mañana te puede acaecer otra mayor; y asi te apartarás mucho tiempo de la comunion, y estarás mas inhábil. Lo mas presto que pudieres sacude la pesadumbre y pereza: que no hace al caso estar largo tiempo con cuidados envueltos en turbaciones, y por los estorbos cotidianos apartarse de las cosas divinas. Antes daña mucho dilatar la comunion largo tiempo; porque la costumbre le pone á uno en grave entorpecimiento. ¡Ay dolor! Algunos tibios y desordenados dilatan fácilmente la confesion, y desean alargar la Sagrada comunion por no verse obligados á guardarse con mucho cuidado.

5 ¡Ay cuan poca caridad y flaca devocion tienen los que tan fácilmente dejan la Sagrada comunion! ¡Cuan bienaventurado es, y cuán agradable á Dios el que vive tan bien, y con tanta puridad guarda su conciencia, que cada dia esté aparejado á comulgar, y muy deseoso de hacerlo asi, si le conviniese, y no fuese notado! Si alguno se abstiene algunas veces por humildad y por alguna causa legítima de alabar, es por la reverencia; mas si poco á poco le entrare la tibieza, debe despertarse á sí mismo, y hacer lo que en sí es, y el Señor ayudará á su deseo por la buena voluntad, la cual él atiende con especialidad.

6 Mas cuando fuere legítima-

mente impedido, tenga siempre buena voluntad y devota intencion de comulgar, y así no carecerá del fruto del Sacramento. Porque todo hombre devoto puede cada dia y cada hora comulgar espiritualmente: mas en cientos dias y en el tiempo ordenado debe recibir el Cuerpo de su Redentor con amorosa reverencia, y moverse á ello por la gloria y honra de Dios, mas que por buscar su consolacion; porque tantas veces comulga secretamente y es recreado invisiblemente, cuantas se acuerda devoto del misterio de la Encarnacion y pasion de Cristo, y se enciende en su amor.

7 El que no se apareja en otro tiempo sino para la fiesta ó cuando le fuerza la costumbre, muchas veces se ha-

hará mal aparejado. Bienaventurado el que se ofrece á Dios en entero sacrificio cuantas veces celebra ó comulga. No seas muy prolijo ni acelerado en celebrar; mas guarda un buen modo conformándote con los de tu profesion. No debes dár á los otros alguna molestia ni enfado, sino seguir el camino segun la órden de los mayores, y mirar mas el aprovechamiento de los otros, que tu propia devocion y deseo.

CAPÍTULO XI.

El Cuerpo de Cristo y la sagrada Escritura son necesarias al ánima fiel.

LA VOZ DEL DISCÍPULO.

1. ¡O dulcísimo Señor Jesus! ¡Cuanta es la dulzura

del ánima devota que come contigo en tu convite, en el cual no se da á comer otra cosa sino á Ti que eres único y amado suyo, y el deseado sobre todos los deseos de su corazon! Y cierto seria muy dulce para mí derramar en tu presencia copia de lágrimas, y regar con ellas tus sagrados pies como la piadosa Magdalena. ¿Mas donde está ahora esta devocion? ¿Adonde está el copioso derramamiento de lágrimas santas? Por cierto en tu presencia y de tus santos Angeles todo mi corazon se debia encender, y llorar de gozo. Porque en el Sacramento te tengo presente verdaderamente, aunque encubierto debajo de otra especie.

2 Porque no podrian mis ojos sufrir el mirarte en tu propia y divina claridad, ni todo el

mundo podria sufrir el resplandor de la gloria de tu magestad; y asi en esconderte en el Sacramento tuviste respeto á mi gran flaqueza: yo tengo y adoro verdaderamente aqui á quien adoran los Angeles en el cielo: mas yo aun en fe; pero ellos en clara vista y sin velo. Conviéneme aqui contentarme con la lumbre de la fe verdadera, y andar en ella hasta que amanezca el dia de la claridad eterna, y se vayan las sombras de las figuras. Mas cuando viniere lo que es perfecto cesará el uso delos Sacramentos: porque los bienaventurados en la Iglesia celestial no han menester medicina de Sacramentos, pues gozan sin fe de la presencia de Dios contemplando cara á cara su gloria; y transformados de claridad en claridad en el abismo de la deidad, gustan del Verbo divino encarnado como fue en el principio, y permanece para siempre.

3. Acordándome de estas maravillas, cualquier contento, aunque espiritual, se me convierte en grave pesadumbre; porque mientras no veo claramente á mi Señor en su gloria, no estimo en nada cuanto en el mundo veo y oigo. Tú, Dios mio, me eres testigo á mí, que cosa alguna no me puede consolar, ni criatura alguna dar descanso sino Tú, Dios mio, á quien deseo contemplar eternamente; mas esto no se puede hacer mientras vive la carne mortal. Por eso me conviene tener mucha paciencia, y sujetarme á Ti en todos mis deseos; porque también tus Santos, Señor, que ahora se gozan contigo en tus

reino, cuando vivian en este mundo, esperaban en fe y gran paciencia la venida de tu gloria. Lo que ellos creyeron creo yo: Lo que esperaron espero: adonde llegaron ellos finalmente por tu gracia, tengo yo confianza de llegar. Entretanto andaré en fe confortado con los ejemplos de los Santos. Tambien tendré sus libros para consolacion y espejo de la vida; y sobre todo esto, el Cuerpo santísimo tuyo por singular remedio y por mi refugio.

4 Pero conozco que tengo grandísima necesidad de dos cosas, sin las cuales no podria sufrir esta miserable vida. Detenido en la cárcel de este cuerpo confieso serme necesarias dos cosas, que son, mantenimiento y lumbre. Dísteme pues á mí, como enfermo, tu sagrado cuerpo para re-

creacion del ánima y del cuerpo; dispusiste para mis pasos una candela, que es tu palabra. Sin estas dos cosas yo no podria vivir bien; porque la palabra de Dios es luz del ánima, y tu Sacramento es pan de vida. Estas se pueden decir dos mesas que estan puestas en el sagrario de la santa Iglesia de una y de otra parte. La una mesa es del santo altar, donde está el pan santo que es el Cuerpo precioso de Cristo: la otra es la Ley divina que contiene la doctrina sagrada, enseñando la fe recta, y llevándonos firmemente hasta lo secreto del velo donde está el Santo de los Santos. Gracias te hago, Señor Jesus, luz de la luz eterna, por la mesa de la santa doctrina, que nos administraste por tus santos siervos los Profetas y Apóstoles, y por los otros Doctores.

5 Gracias te hago, Criador y Redentor de los hombres, que para declarar á todo el mundo tu claridad, aparejaste una gran cena, en la cual diste á comer, no el cordero figurativo, sino tu santísimo Cuerpo y Sangre, alegrando á todos los fieles con el sacro convite, y embriagándolos con el cáliz de la salud, en el cual están todos los deleites del paraiso, y comen con nosotros los santos Angeles, aunque con mas dichosa suavidad.

9 ¡O cuan grande y venerable es el oficio de los Sacerdotes, á los cuales es concedido consagrar al Señor de la magestad con palabras santas, y bendecirlo con sus labios, y tenerlo en sus manos, y recibirlo con su propia boca, y servirle á los demas! ¡O cuan lim-

pias deben estar aquellas manos, cuán pura la boca, cuán sano el cuerpo, cuán sin mancilla el corazon del Sacerdote, donde tantas veces entra el hacedor de la pureza! De la boca del Sacerdote no debe salir palabra que no sea santa, que no sea honesta y útil, pues tan continuamente recibe el Sacramento de Cristo.

7 Sus ojos deben ser simples y castos, pues estan acostumbrados á mirar el Cuerpo de Cristo; las manos puras y levantadas al cielo, que suelen tocar al Criador del cielo y de la tierra. A los Sacerdotes especialmente se dice en la Ley: sed santos, que yo, vuestro Señor y vuestro Dios, Santo soy.

8 ¡O Dios mio, todo poderoso, ayúdenos tu gracia para que los que recibimos el

oficio sacerdotal, podamos digna y devotamente servirte con buena conciencia y toda pureza! Y si no podemos conversar con tanta inocencia debida como debemos, otórganos llorar dignamente los pecados que habemos hecho, y de aqui adelante servirte con mayor fervor, con espíritu de humildad y propósito de buena voluntad.

Capítulo XII.

Débese aparejar con gran diligencia al que ha de recibir á Cristo.

LA VOZ DEL AMADO.

1 Yo soy amador de pureza, y dador de toda santidad. Yo busco el corazon puro, y alli es el lugar de mi descanso. Aparéjame un

palacio grande aderezado, y haré contigo la Pascua con mis discípulos. Si quieres que vaya á ti, y me quede contigo, arroja de ti la levadura vieja, y limpia la morada de tu corazon. Alcanza de ti todo el mundo, y todo el ruido de los vicios. Asiéntate como pájaro solitario en el techo, y piensa tus pecados en amargura de tu ánima. Pues cualquier persona que ama, apareja á su amado el mejor y mas aliñado lugar; porque en esto se conoce el amor del que hospeda al amado.

2 Pero sábete que no puedes alcanzar esta preparacion con el mérito de tus obras, aunque un año entero te aparejases, y no tratases otra cosa en tu ánima. Mas por sola mi piedad, y gracia se permite llegar á mi mesa: como si un pobre

fuese llamado á la mesa de un rico, y él no tuviese otra cosa para pagar el beneficio, sino humildad y agradecimiento. Haz lo que es en ti, y con mucha diligencia, no por costumbre, ni por necesidad, sino con temor, reverencia y amor, recibe el cuerpo del amado Señor Dios tuyo, que tiene por bien de descender á ti. Yo soy el que te llamé, y el que mandé que se hiciese. Yo supliré lo que te falta: ven y recíbeme.

3 Cuando Yo te doy la gracia de la devocion, da gracias á tu Dios, no porque eres digno, mas porque tuve misericordia de ti. Si no tienes devocion, y te sientes muy seco, continúa la oracion, da gemidos, llama y no ceses, hasta que merezcas recibir una migaja, ó una gota de saludable gracia. Tú me has menester

á mí, no Yo á ti. No vienes á santificarme á mí; mas Yo vengo á santificarte. Tú vienes para que seas por mí santificado y unido conmigo, para que revivas nueva gracia, y de nuevo te afervorices para la enmienda, ó desprecies esta gracia; mas apareja con toda diligencia tu corazon, y recibe dentro de ti tu amado.

4 Tambien conviene que te aparejes á la devocion, no sólo antes de la comunion, sino despues, y que te conserves con cuidado en ella, despues de recibido el Sacramento. No se debe tener menos guarda despues del devoto aparejo que precedió; porque la buena guarda despues, es mucho mejor preparacion para alcanzar otra vez mayor gracia; porque viene á hacerse el hombre muy indispuesto, por desorde-

narse, y derramarse luego en los gustos exteriores. Guárdate de hablar mucho, y recógete á algun lugar secreto, y goza de tu Dios, pues tienes al que todo el mundo no te puede quitar. Yo soy á quien del todo te debes dar, de manera que ya no vivas en ti, sino en mí, sin algun cuidado.

Capítulo XIII.

Como el ánima devota con todo su corazon debe desear la union de Cristo en el Sacramento.

LA VOZ DEL DISCIPULO.

1 Señor, ¿quien me dará que te halle solo, y te abra todo mi corazon, y te goce como mi ánima desea, y que ya ninguno me desprecie, ni criatura alguna me mueva

ó mire; mas Tú solo me hables,y yo á Ti, como suele hablar el amado con su amador, y conversar un amigo con otro? Esto ruego, y esto deseo, que sea unido todo contigo, apartando mi corazon de todo lo criado, y que por la santa Comunion, por la frecuencia del celebrar, aprenda á gustar cosas celestiales y eternas. ¡Ay, Señor, Dios! ¿cuando estaré todo unido, y absorto en Ti, y del todo olvidado de mí: Tú estes en mí, y yo en Ti, y que asi estemos juntos en uno?

2 Verdaderamente Tú eres mi amado, escogido entre muchos millares, con el cual desea morir mi ánima todos los dias de su vida. Verdaderamente Tú eres mi pacífico: en Ti está la suma paz, y el verdadero dencanso: fuera de Ti,

todo es trabajo, dolor y miseria infinita. Verdaderamente Tú eres Dios escondido; y tu consejo no es con los malos, sino con los humildes y sencillos es tu habla. ¡O Señor, cuan suave es tu espíritu, que te preciaste, para mostrar tu dulzura para con tus hijos, de mantenerlos del pan suavísimo, que desciende del cielo! Verdaderamente no hay otra nacion tan grande que tenga sus dioses tan cerca de sí, como Tú, Dios nuestro, estas cerca de todos tus fieles; á los cuales te das para que te coman y gocen de Ti, para su continuo consuelo, y para que levanten su corazon á los cielos.

3 ¿Que gente hay alguna tan noble como el pueblo cristiano? ¿O que criatura hay debajo del cielo tan amada, como el ánima devota, á la

cual entra Dios á apacentarla de su gloriosa carne? ¡O inefable gracia! ¡O maravillosa bondad! ¡O amor sin medida, dado singularmente al hombre! ¿Pues que daré yo al Señor por esta gracia, por tan gran caridad? No hay cosa que mas agradable le pueda yo dar que mi corazon todo entero, para que esté con él unido cordialísimamente. Entonces se alegrarán todas mis entrañas, cuando mi ánima fuere unida perfectamente á Dios. Entonces me dirá el Señor: si tú quieres estar conmigo, Yo quiero estarme contigo; esto es todo mi deseo, que mi corazon esté contigo unido.

Capítulo XIV.

Del encendido deseo de algunos devotos á la comunion del Cuerpo de Cristo.

LA VOZ DEL DISCÍPULO.

1 ¡O Señor, cuan grande es la multitud de tu dulzura, que tienes escondida para los que te temen! Cuando me acuerdo de algunos devotos á tu Sacramento, que llegan á él con grandísima devocion y afecto, quedo muchas veces confuso y avergonzado de mí, que llego tan tibio, y tan frio á tu altar, y á la mesa de la sagrada Comunion; que tan seco y sin dulzura de corazon me quedo, que no estoy todo encendido delante de Ti. Dios mio, no estoy tan vivamente herido, y llevado del amor,

como estuvieron otros muchos devotos, los cuales por el gran deseo de la comunion, y el amor que sentian en el corazon, no pudieron detener las lágrimas; mas con la boca del corazon y del cuerpo, suspiraban con todas sus entrañas á Ti, Dios mio, fuente viva, no pudiendo templar, ni hartar su hambre de otra suerte, sino recibiendo tu cuerpo con toda alegría y deseo espiritual.

2 ¡O verdadera y ardiente fe la de estos siervos tuyos, la cual es manifiesta prueba de tu sagrada presencia! Porque verdaderamente conocen á su Señor en el partir del pan, pues su corazon arde en ellos tan vivamente, porque Jesus anda con ellos. Lejos está de mí muchas veces semejante afecto y devocion, tan grande

amor y fervor. Séme piadoso, buen Jesus, dulce y benigno, y otorga á este tu pobre mendigo, siquiera alguna vez sentir en la santa Comunion un poco de afecto entrañable de tu amor, porque mi fe sea mas fuerte, crezca la esperanza en tu bondad, y la caridad se encienda perfectamente con la experiencia del maná celestial, y nunca desmaye.

3 Pero poderosa es tu misericordia para concederme gracia tan deseada, y visitarme muy piadosamente en espíritu de abrasado amor, cuando Tú, Señor, tuvieres por bien de hacerme esta merced; y aunque yo no estoy con tan encendido deseo, como tus especiales devotos, no dejo yo, mediante tu gracia, de desear tener aquellos sus grandes y encendidos deseos, rogando y

deseando me hagas particionero de todos tus fervorosos amadores, y me cuente en su santa compañía.

Capítulo XV.

La gracia de la devocion, con la humildad, y propia renunciacion se alcanza.

LA VOZ DEL AMADO.

1 Conviene que busques con diligencia la gracia de la devocion, y la pidas sin cesar; espera con paciencia y confianza á recibirla con alegría, guardarla humildemente, obrar diligentemente con ella; y encomienda á Dios el tiempo, y el modo de la soberana visitacion, hasta que venga. Débeste humillar especialmente, cuando poca, ó ninguna devocion sientes en tu inte-

rior; mas no te caigas del todo, ni te entristezcas demasiadamente. Dios da muchas veces en un momento, lo que negó en largo tiempo: tambien da algunas veces en el fin de la oracion, lo que al principio dilató de conceder.

2 Si la gracia luego nos fuese dada y otorgada siempre á nuestro querer, no la podria sufrir bien el hombre flaco: por eso con buena esperanza, y humilde paciencia se debe esperar la gracia de la devocion; y cuando no te es concedido, ó te fuere quitada secretamente, echa la culpa á ti y á tus pecados. Algunas veces, pequeña cosa es lo que impide la gracia, y la esconde, si poco se debe decir, y no mucho, lo que tanto bien estorba; y si aquello poco ó mucho apartares, y perfecta-

mente vencieres, tendrás lo que perdiste.

3 Pues luego que te entregares á Dios de todo tu corazon, y no buscares cosa alguna por tu propio querer, mas del todo te pusieres en él, hallarte has unido y sosegado, porque no habrá cosa que tan bien te sepa y agrade, como el beneplácito de la divina bondad. Pues cualquiera que levantare su intencion á Dios con sencillo corazon, y se despojare de todo amor, ó desamor desordenado de cualquier cosa criada, estará muy dispuesto y digno para recibir la divina gracia, y el don de la devocion; porque nuestro Señor echa su bendicion donde halla los vasos vacíos; y cuanto mas perfectamente alguno renunciare las cosas bajas de la tierra, y fuere muerto á sí

mismo por su propio desprecio; tanto mas presto viene la gracia, y mas copiosamente entra, y mas alto levanta el corazon ya libre.

4 Entonces verá y abundará, y se maravillará y dilatará su corazon en sí mismo; porque la mano del Señor está con él, y él se puso del todo en sus manos para siempre. De esta manera será bendito el hombre que busca á Dios con todo su corazon, y no ha recibido su ánima en vano: este cuando recibe la santa Comunion, merece la singular gracia de la divina union; porque no mira á su propia devocion y consuelo; mas sobre todo á la gloria y honra de Dios.

Capítulo XVI.

Cómo se han de manifestar á Cristo nuestras necesidades, y pedirle su gracia.

LA VOZ DEL DISCIPULO.

1 ¡O dulcísimo, y muy amado Señor, á quien yo deseo ahora recibir devotamente! Tú sabes mi enfermedad, y la necesidad que padezco, en cuantos males y vicios estoy caido; cuantas veces soy agravado, tentado, turbado y manchado. A Ti vengo por remedio, á Ti pido consolacion y alivio. A Ti, Señor, que sabes todas las cosas hablo, á quien son manifiestos todos los secretos de mi corazon, y solo me puedes consolar y ayudar perfectamente. Tú sabes mejor que ninguno lo que

me falta, y cuan pobre soy en las virtudes.

2 Vesme aqui delante de Ti, pobre y desnudo, demandando gracia, y pidiendo misericordia. Harta, Señor, á este tu hambriento mendigo; enciende mi frialdad con el fuego de tu amor: alumbra mi ceguedad con la claridad de tu presencia. Conviérteme todo lo terreno en amargura, todo lo pesado y contrario en paciencia; todo lo bajo y criado en menosprecio y olvido. Levanta mi corazon á Ti en el cielo, y no me dejes divertir por la tierra. Tú solo desde ahora me seas dulce para siempre; pues Tú solo eres mi manjar y bebida, mi amor, mi gozo, mi dulzura y todo mi bien.

3 ¡O si me encendieses del todo en tu presencia, y me abrasases y trasformases en

Ti, para que sea un espíritu contigo, por la gracia de la union interior, y por deshacerme en tu abrasado amor! No me consientas partirme de Ti ayuno y seco; mas obra conmigo piadosamente, como lo has hecho muchas veces y admirablemente con tus Santos. ¡Que maravilla, si todo yo estuviese hecho fuego por Ti, y desfalleciese en mí; pues Tú eres fuego que siempre arde y nunca cesa: amor que limpia los corazones y alumbra los entendimientos!

Capítulo XVII.

Del abrasado amor, y del grande afecto de recibir á Cristo.

LA VOZ DEL DISCÍPULO.

1 ¡O Señor! con suma devocion, y abrasado amor, con

todo afecto del corazon, y fervor te deseo yo recibir, como muchos Santos, y devotas personas te desearon en la Comunion, que te agradaron muy mucho con la santidad de su vida, y tuvieron devocion ardentísima! ¡O Dios mio, amor eterno, todo mi bien, bienaventuranza que nunca se acaba! Yo te deseo recibir con mayor deseo, y mucha mas digna reverencia que ninguno de los Santos jamas tuvo, ni pudo sentir.

2 Y aunque yo sea indigno de tener todos aquellos sentimientos devotos, te ofrezco todo el amor de mi corazon, como si todos aquellos inflamados deseos yo solo los tuviese. Y cuanto puede el ánima piadosa concebir y desear, todo te lo doy y ofrezco con humildísima reverencia, y con

entrañable fervor. No deseo guardar cosa para mí, sino sacrificarme á mí y á todas mis cosas á Ti de muy buena gana, y con toda voluntad. Señor, Dios mio, Criador mio, y Redentor mio, con tal afecto, reverencia, honra y alabanza, con tal agradecimiento, dignidad y amor, con tal fe, esperanza y puridad te deseo recibir hoy, como te recibió, y deseó tu Santísima Madre la gloriosa Vírgen María, cuando al Angel que le dijo el Misterio de la Encarnacion, con humilde devocion respondió: aqui está la sierva del Señor, hágase en mí segun tu palabra.

3 Y como tu bendito Precursor, excelentísimo entre todos los Santos, San Juan Bautista, en tu presencia lleno de consuelo, se gozó con gozo del Espíritu Santo, estando

aun en las entrañas de su madre, y despues mirándote, Jesus mio, cuando andabas entre los hombres, con humilde afecto decia: que el amigo del esposo, que está con él y le oye, se alegra con alegría por la voz del esposo: asi yo deseo ser inflamado de grandes, y santos deseos, y presentarme á Ti de todo corazon. Por eso te ofrezco, y doy los excesivos gozos de todos los devotos corazones, los vivísimos afectos, los excesos mentales, las soberanas iluminaciones, y las celestiales visiones, con todas las virtudes y alabanzas celebradas, y que se pueden celebrar por toda criatura en el cielo y en la tierra; por mí y por todos mis encomendados; y para que seas por todos dignamente alabado y glorificado para siempre.

4 Señor, Dios mio, recibe mis deseos y ansias de darte infinita honra, y cumplida bendicion, los cuales justísimamente son debidos, segun la multitud de tu inefable grandeza. Esto te ofrezco el dia de hoy, y te deseo ofrecer cada dia, y cada momento: y convido y ruego con fervorosa oracion y afecto á todos los espíritus celestiales, y á todos tus fieles, que te alaben, y te den gracias juntamente conmigo.

5 Alábente todos los pueblos, las generaciones y lenguas, y magnifiquen tu santo y dulcísimo nombre, con grandísima alegría, é inflamada devocion. Merezcan hallar tu gracia y misericordia todos los que con reverencia, y devotamente celebran tu altísimo Sacramento, y con entera

fe lo reciben, y rueguen á Dios humildemente por mí pecador. Y tambien cuando hubieren gozado de la devocion y union deseada, consolados ya, y maravillosamente recreados, se partiéren de la mesa celestial, se acuerden de este pobre.

Capítulo XVIII.

No sea el hombre curioso escudriñador del Sacramento, sino humilde imitador de Cristo, humillando su sentido á la sagrada fé.

LA VOZ DEL AMADO.

1. Mira que te guardes de escudriñar inútil y curiosamente este profundísimo Sacramento, si no te quieres ver anegado en un abismo de dudas. El que es escudriñador de la Magestad será ofuscado de

de Cristo. Lib. IV. 455

su gloria. Mas puede obrar Dios, que el hombre entender; pero permitida es la tolerable, pia y humilde pesquisa de la verdad, que está siempre dispuesta para ser enseñada, y estudiada de andar por las santas sentencias de los santos Padres.

2 Bienaventurada la simpleza que deja la senda de las cuestiones dificultosas, y va por el camino llano y firme de los mandamientos de Dios. Muchos perdieron la devoción, queriendo escudriñar las cosas altas. Fe te piden y buena vida, no alteza de entendimiento, ni profundidad de los misterios de Dios. Si no entiendes, ni alcanzas las cosas que estan debajo de ti, dime, ¿como entenderás lo que está sobre ti? Sujétate á Dios, y humilla tu juicio á la fe, y te

darán lumbre de ciencia, segun te fuere útil y necesaria.

3 Algunos son gravemente tentados de la fe y del Sacramento; mas esto no se ha de imputar á ellos, sino al enemigo. No cuides ni disputes con tus pensamientos, ni respondas á las dudas que el demonio te pone; mas cree en las palabras de Dios, cree á sus Santos y Profetas, y huirá de ti el malvado enemigo. Muchas veces aprovecha al siervo de Dios, que sufra estas cosas: ¿Por que no tienta á los infieles y pecadores? Porque ya los posee seguramente: mas tienta y atormenta de diversas maneras á los fieles y devotos.

4 Pues anda humilde, con sencilla y cierta fe, y llega al Santísimo Sacramento con suma reverencia, y todo lo que no puedes entender, en

cómiéndalo confiadamente á Dios todo poderoso, Dios que no te engaña: el que se cree á sí mismo demasiadamente es engañado. Dios con los sencillos anda; descúbrese á los humildes, y da entendimiento á los pequeños: abre el sentido á los pensamientos, y esconde la gracia á los curiosos y soberbios. La razon humana flaca es, y puede engañarse; mas la fe verdadera no puede ser engañada.

5 Toda razon y discurso natural debe seguir á la fe, y no ir delante de ella ni debilitarla; porque la fe y el amor aquí muestran mucho su excelencia y obran secretamente en este santísimo y excelentísimo Sacramento. Dios eterno é inmenso, y de potencia infinita, hace grandes cosas que no se pueden escudriñar

en el cielo ni en la tierra, y no hay que examinar sus maravillosas obras. Si tales fuesen las obras de Dios, que fácilmente por la razon humana se pudiesen entender, no se dirian inefables ni maravillosas.

AVISOS ESPIRITUALES,

A que se reduce lo que está escrito para el camino de la perfeccion, sacados de las Obras del M. R. P. Juan Eusebio Nieremberg, de la Compañía de Jesus.

1. Haz siempre lo mejor, porque está cerca de dejar lo bueno quien lo muy bueno no procura: el que no atiende á quitar imperfecciones, caerá en pecados veniales, y quien no cuida de evitar estos, gran peligro tiene de caer

en los mortales: aquel está mas libre de lo malo, que no solo ama lo bueno sino lo mejor.

2. El cuidado, no solo de evitar culpas, sino tambien los estorbos é impedimentos de la perfeccion, ha de ser continuo, examinado muy de espacio qué es lo que nos retarda; advirtiendo que una rémora pequeña puede detener un navío grande, y que este cuidado y exámen, en los que tratan de la perfeccion es preciso; porque para andar un camino no basta llevar buenos pies si hay atolladeros y ladrones que al pasar detengan, y en el espiritual hay muchos, y los mas con apariencia de bien.

3 El estrecharse siempre mas es mas seguro, no permitiendo remision en cosas pequeñas: que el demonio, de los

que procuran la perfeccion, nunca pretende mas que una rendija, de que ordinariamente abre puerta, de esta palabra: ¿qué importa esto? Has de huir y abominar, porque á veces importa no menos que el ser santo, y en esto se diferencian los que lo son de los que no tratan de virtud, que estos no reparan en pocas cosas; pero para los Santos no hay cosa pequeña: mucho debe de importar mirar en cosas menudas; pues de ello hacen tanto caso malos y buenos: los buenos ejercitándolo y encomendándolo; los malos menospreciándolo y contradiciéndolo.

4 Del ejemplo no has de tomar ocasion para comodidad, por santa que sea la persona que la usare; que ella puede ser tenga precisa nece-

sidad, y tú no la tienes; y así, el ejemplo no se ha de medir por las personas sino por las cosas. Si el acto es conocidamente de virtud ó fervor, se ha de tomar ejemplo aunque le ejercite un salteador; pero si es de menos fervor, ó de anchura, no se ha de tomar aunque sea de un Angel del cielo ó de un Apostol de Jesucristo. Aun de las obras del Hijo de Dios, que fueron de solo condescendencia para alivio de nuestra naturaleza, dicen los Santos, que no fueron para imitarlas; ¿pues cómo lo podrán ser las obras de comodidad de los hombres? Este aviso es de mas importancia de lo que parece, aunque lo parezca de mucha; porque son innumerables las relajaciones, que por este camino se han introducido, apadrinándose nuestro amor propio con que tal hombre santo, ó tal persona espiritual lo hace.

5 Pelea contra todas tus pasiones: poco aprovechado estás si en un tiempo te haces violencia, y en otro condesciendes contigo; y poco aprovecharás si contra unas pasiones te haces guerra, y en otras te perdonas: no es gran victoria resistirte á unas si te rinden otras: sé siempre el mismo, y presto te verás otro.

6 Ten gran dolor si eres tibio, y mucha humildad si eres flaco; la tibieza es falta del propósito; la flaqueza de la obra: al tibio aborrece Dios; del flaco se compadece: si tienes gran voluntad de servir al Señor, gran dolor de tus faltas y pena de tu poco fervor y aliento, confórtate, que no eres tibio, sino flaco;

Avisos espirituales. 463
y esfuérzate, que Dios te ayudará: del tibio, y no del flaco se dice en el Apocalipsi, que le vomita Dios. Aquel Señor de quien dice Isaías, que no mata al lino que humea, ni acaba de quebrar la caña cascada, nos pinta San Juan tan aborrecedor del tibio, que le lanza como vómito de sí.

7 Ten gran cuenta con la lengua; porque por la boca se sale la devocion y el espíritu, y es señal de que tiene poco quien habla mucho: el corazon de los necios está en su boca, y la lengua de los sabios en su corazon: las águilas reales son mudas; las pequeñas avecillas, parleras; la misma tendrás con los oidos, porque por ellos suele hacer el demonio increibles daños con capa de virtud oyendo dictámenes y sentimientos infernales, u-

nas veces de los tibios, y otras de los que parecen espirituales.

8 No pienses que estás aprovechado, porque no sientes la lucha de tu apetito; quizá será porque andas descuidado, no porque le hayas vencido: el atalaya que duerme, no siente al enemigo: no te pongas á mirar la cara de la tentacion, échala luego de ti, y si es de carne, vuelve al punto las espaldas.

9 Si cayeres alguna vez, levántate mas aprovechado: ninguno confie de sus dones, ni desconfie por su miseria. Presto pecó Adan, y nadie hizo mas años penitencia. Pereció en el paraiso, y salvóse en el valle de lágrimas: suple por lo menos con humildad lo que faltaste en otras virtudes. Un valiente soldado no se contenta con defenderse del

enemigo, si no llega á vencerle y sujetarle: no te contentes cuando eres tentado con no pecar; procura demas á mas el ejercicio de alguna virtud. Si te tienta la soberbia, haz algun acto heróico de humildad, y tal puedes hacerle que desesperes al demonio para que á tentarte no vuelva.

10. Si fueres á lícitas recreaciones ó á visitas no excusables, vé muy prevenido cómo te has de haber, y de qué has de hablar, procurando sin afectacion y con disimulo sean cosas de provecho y de Dios, y principalmente con gran cuidado de no distraerte ni salir del todo de lo interior, porque el ama fácilmente se nos sale de casa, y vuelve con gran dificultad; y cuando vuelve algunas veces viene descalabrada, y nunca como salió.

11. No entiendas que tienes virtud porque tienes propósito muy resuelto de servir á Dios; mas dice que por esta palabra virtud, que significa valor, esfuerzo y eficacia para vencer tentaciones, evitar culpas y hacer obras excelentes, no llega uno á la virtud sólida, hasta que con el continuo ejercicio y repetidos actos, viene á tener tanta fortaleza y constancia su alma, que aunque se ofrezcan grandes trabajos, contradicciones y peligros, no falta á lo bueno.

12 Tiembla de gustos, honras y respetos humanos; y si te es preciso á tu estado no huirlos, saca de ellos el desengaño que ellos dan de sí y nosotros nunca acabamos de tomar, que no hay cosa que mas pueda para confundirnos, como aquello mismo con que nos

perdemos: del mundo haz el caso que el mundo hizo de Cristo, y nunca dejes obra buena por el qué dirán, antes en ese empacho conocerás el mundo, pues pretende correr al que se declara por agradecido á quien tanto debe, y por siervo del Señor, que huir no pueda. Acuérdate de San Buenaventura, que dice: ningun Santo alcanza en el cielo gloria singular, sino el que en la tierra tuvo cuidado de ponerse en singular santidad; y añade, hablando de los imperfectos, como ellos por nosotros no dejan las malas costumbres, no conviene que dejemos los buenos ejercicios por ellos.

13. Estima mucho á quien te despreciare, que es muy tu amigo quien te aparta del mundo, y á Dios te llega: al menosprecio mírale como des-

engaño, y á la injuria tenla por aviso: tendrás estimacion si no la quisieres; y tendrás descanso si no buscares honra: despréciate á ti, y no sentirás ser despreciado; mas si te estimares, necio eres, y das causa para que te desprecien.

14 La honra es debida solo á la virtud; la virtud no busca la honra: luego si pretendes estimacion, quieres que te den lo que no te toca; y no te toca, pues tú la quieres.

15 En causa propia es fácil engañarte: cree antes al que te menosprecia que á ti, que te estimas: si quieres levantar buena virtud, pon los cimientos de buena humildad y verdadera: no te engañes deseando estimacion que te sirva de autoridad para aprovechar á otros, que esto no corre por tu cuenta, sino por

la de Dios; á tí te toca ser humilde cuanto en ti esté; procura serlo, y lleva los desprecios con paciencia si acaso no pudieres con gusto.

16 Sirve á Dios no solo con diligencia, sino con alegría: al criado diligente mas estima su amo verle gustoso en su servicio, que verse de él bien servido; que un siervo mal contento á toda la casa enfada. Los cielos y los Angeles son diligentes por tu bien; por él y por la gloria de Dios no seas perezoso: para mañana nunca dilates lo que hoy te puede aprovechar, que no sabes qué será mañana, y sabe que es muy malo dilatar lo que es bueno.

17 Si quieres paz con otros hazte á ti guerra, que de no estar mortificado tu gusto nace el que te disgustes

con tu hermano. Si tú no tomaras pesadumbre, nadie pudiera dártela; solo vive el sosiego en el humilde, y el mortificado ejercita la caridad sufriendo al prójimo.

18 Persuádete que entre los hombres no todas las cosas pueden estar en razon, ni tú conocer puedes que van todas fuera de ella: no te espantes que suceda lo que á ti te admira, ni creas que lo que sucede es todo fuera de razon; porque tú no la veas y conozcas, ¿no la hay? No te es dado por eso que te enojes ni alteres: si puedes remediarlo, haz lo que en ti estuviere; lo demas déjaselo á Dios y encomiéndaselo: si tomas el cuchillo por la punta te sacarás sangre; y si quieres todas las cosas á tu gusto, tendrás mucho disgusto en tu vida.

19 De la oracion procura sa-

da enmienda de las faltas, ejercicio de virtudes y grande amor de Dios; pero lo primero ha de ser la enmienda: que no será buena órden pensar obrar grandes virtudes teniendo descuido de quitar faltas; antes vendrá á ser cierto género de soberbia: llora tus pecados, evita las culpas, arranca la raiz de tus afectos, y con esto allanarás el camino de las virtudes; y estando en él, ellas te llevarán á gran amor de Dios.

20 A la perfeccion no se llega sin la virtud, ni á la virtud sin la mortificacion: la mortificacion es fruto de la oracion; y si el rato que estás en ella no puedes hacer mas que mortificarte, no tienes perdido nada, y te quedas con el mérito de oracion: muy hermanas son oracion y mortificacion, y andan tan juntas, que quien no

tiene á entrambas, no tiene á ninguna cabal: con las mortificaciones extraordinarias, y ocasiones con que nuestra voluntad con vivo dolor se quebranta, has de tener gran cuenta de lograrlas, que son las ferias del espíritu donde en un acto se suele ganar mas que en otro tiempo con cincuenta; y de una mortificacion valiente puede depender ser uno santo.

21 La mortificacion es muy parecida á la muerte, porque esta no tiene partes, y acaba con todo, y la mortificacion no se ha de partir. Total debe ser en todas las cosas, porque no entra el espíritu sino es cuando la sensualidad muere: el pájaro que se ha escapado de muchos lazos, si en uno le cogen, poco le importa que de los demas esté suelto: la mortificacion ha de

Avisos espirituales. 478
ser entera y continua, todos tiempos comprende, todas las cosas, y de todas maneras.

22 No trabajes solo en vencer tu exterior, sino en sujetar tus afectos, y en esto trabaja mucho, y así alcanzarás tambien lo primero. No importa tanto refrenar las demostraciones, cuanto estarlo el hombre interior. Para secar un arroyo se ha de quitar el agua de la fuente: para que los bástagos no broten lo mejor es arrancar la cepa: no podes solo tus vicios, sino sácalos de cuajo de la tierra de tu corazon.

23 Ningun bien te puedes hacer, que tanto te importe ni que te valga tanto como mortificarte siempre. Para vencerte el demonio, no tiene mas el dia que la noche, y asi has de velar de noche y de dia: defiende tu propia alma como

habrán reprendido; y más te disculparás callando, que procurando deshacer tu culpa. Gran concepto hizo Pilatos de lo que era Cristo cuando le vió que no se disculpaba.

27 Muy principal virtud es la paciencia. Si quieres tenerla, no llores tus trabajos, ni quieras que otros los lloren: de yerbas amargas hacen miel las abejas: de los trabajos sacan merecimientos: el almendro amargo se vuelve dulce agugereando el tronco por donde desagua el mal humor: provecho te hará la tribulacion que hiere y atraviesa, si con ella se purga tu alma.

28 No juzgues con facilidad á nadie, teniéndole por malo, que de una hora para otra puede ser bueno: cuando llegó Simon á decir de la Magdalena, que era pecado-

ra, ya era Santa, habiendo sido antes lo que de ella juzgaban: el Publicano, á quien por pecador despreció el Fariseo, se justificó luego: con verdad no se podrá decir de uno que es malo, que cuando tú lo dices puede ser ya bueno.

29 Para conservar la pureza, huye todo peligro de culpa, y ten por peligro de falta el impedimento de la perfeccion. La Escritura dice: el que ama el peligro perecerá en él; no dice que el que en él está, ó el que en él se pone, sino el que quiere ponerse, ó por su voluntad se pone, que esto es amarle: en todo negocio consideremos si hay ocasion de culpa: y S. Pablo enseña, que nos guardemos de lo que no edifica, aunque lícito sea.

30 En los peligros nunca te pongas; y si Dios te pone en

ellos, no te aflijas, que de ellos te sacará; mas no llames peligro á tu poca mortificacion; no digas ocasion á lo que es vicio tuyo: mortificate y *sufre*; no pongas la santidad en que no haya cosa que te haga guerra, que Jesucristo no la puso en eso, sino en tomar su Cruz, y en dejar su voluntad.

31 El principal cuidado ponle en lo que Dios manda, y luego en tus devociones: primero es la voluntad divina que la nuestra: desórden seria no cuidar mas de tener paciencia, que de ayunar mucho, y tener mas cuenta en ponerse silicio, no teniéndola en dejar de murmurar; no callar palabras ociosas, ni el secreto debido, y rezar muchas devociones: la ley de Dios ha de ser primero, y el cumplir su voluntad sin excepcion ni condicion alguna.

Avisos espirituales.

32 Esfuérzate siempre á hacer siempre mas. Para volver atras basta no ir adelante: si te contentas con poco ó con lo que tienes, te verás siempre menos. Las cosas de esta vida no tienen punto fijo, sino perpetuo movimiento: luego si no subes, es preciso que bajes. Para ir rio abajo, no es menester querer, sino no hacer fuerza para subir; pero aunque atras no vuelvas, monstruosidad será no pasar adelante.

33 Los buenos propósitos conviene mucho renovarlos muchas veces; porque sin esta cuenta ellos mismos se descaecen, y en comenzando dará la virtud en tierra. Para que no caigan los grandes palacios, los dejan renta con que reparar las quiebras; porque en dejando una se acaba el edificio. Lo mismo es el alma y

templo del Espíritu Santo, que ha de haber modo de que se renueve lo que se envejece, diciendo con David cada dia: *ahora empecé*, teniendo el fervor como si este dia fuera el primero de la conversion, y el último de la vida. La tibieza es un mal que cunde mucho, y asi debe atajarse presto con fuego y hierro; esto es, con mas penitencia, con mas oracion, con mortificarse mas, y con mas viva resolucion.

34. No busques consuelos humanos, porque descuidarás de los divinos: todavía tiene el corazon de tierra quien se consuela en alguna cosa de ella. El Señor es celador de su honra, y permite ande desconsolado quien en otra cosa quiere hallar consuelo: cuando te faltare, vete á la oracion, donde se hallará el verdadero.

35 Haz tal penitencia que con ella acabes los vicios, no la naturaleza: la discrecion ha de sazonar tus obras, y con esta sal las da el punto debido: si sin discrecion corres, no alcanzarás la perfeccion, y con una vez que tropieces te puedes lisiar de modo que quedes sin provecho.

36 Aflige tu cuerpo; pero castiga mas tu voluntad: no importa tanto lastimar tu carne con disciplinas y silicios, como rendir tu querer y tu juicio; no vale tanto la aspereza de vida, como la limpieza del afecto: mas aquella sirve para esta; no hay dia en que á tu cuerpo no des algun mal rato, que quien á su enemigo halaga, á sus manos perece. Los Santos, ni estando malos se olvidan de la penitencia: para querer á Cris-

to no has de querer tu carne.

37 A la honra que te hicieren, ó bien que de ti dijeren, has de mirar como á cosa sin razon y fuera de camino, queriendo toda la honra para Dios, y teniéndote por digno de toda confusion y de mil oprobios. Concibe de ti el mismo sentimiento que S. Vicente Ferrer encarga, diciendo: siente de ti como de un cuerpo muerto que está manando en asquerosos gusanos, y de hedor tan pestilencial, que aun verle ni oirle pueden los que pasan cerca: anda *siempre* descontento de ti, reprendiéndote aun en las buenas obras, y confundiéndote de no hacerlas mas perfectamente, y con mas fervor; que ni aun de esta manera llegarás á tu conocimiento verdadero.

38 Por mas ternura y de-

Avisos espirituales.
vocion que sientas, no te tengas por aprovechado, que Dios tambien da sequedad á los que son mas suyos, y la ternura á los que son mas flacos: de repente no quieras ser Santo, teme cuando no pienses de hallarte pecador: los regalos de principiante no los tengas por cumbre de perfeccion; que á muchos justos se la da Dios muy medida, porque con la alteza de ella no se ensoberbezcan si se hacen perfectos antes ó mas de lo que deben. Muchos viviendo en carne quieren no haga impresion en ellos el trato y conversacion de esta vida presente; pero como aun no es tiempo con las tentaciones que les sobrevienen, son desechados de la perfeccion para que se acuerden de su miseria, y con las virtudes que reciben, no se desvanezcan.

39 Trabaja mucho en entrañar en tu corazon el puro amor de Dios; para lo cual considera continuamente los prodigios de amor que le debes, y por mucho que vivas, para cada instante tendrás un prodigio que te mueva, te confunda y admire: no le mires como aquel, en cuya mano está el premio y el castigo: olvídate de todo interes para mejor quererle, de que te puede salvar y condenar; y quiérele tan desinteresadamente como él te quiere, que sin haberte menester para nada, ni haber de acrecentársele ninguna gloria á su ser de que tú estés en ella para siempre, ó para siempre en un infierno, te quiere mucho mas que tú te quieres; y (como San Juan dice) te amó de tal manera, que dió á su Hijo unigénito, y quiso pade-

Avisos espirituales. 485
ciese porque tú no padecieras. Mira quién es el que esto hace, y mira quién eres tú por quien lo hace: eres lo que dijo Epiteto, una luz puesta al viento, una fábula de calamidades, y un esclavo de la muerte: sobre sus excelencias, y tu miseria y nada, hay tanto que considerar, que no hay harto papel para escribirlo: no tengas rato que aqui no le logres.

40. Unicamente la regla cierta que has de tener en todas tus acciones, es la vida y muerte de Jesus, yéndosete los ojos y el alma tras todo aquello que mas con esto se conformare, considerándote siempre al pie de la Cruz mirándole en ella sin tener sobre qué sostenga su sacratísimo Cuerpo, sino sobre tres garfios de hierro, que si quiere arrimarse ó estrivar en los pies, se le des-

garran los pies; y si quiere en las manos, se le rasgan las manos: la cabeza atormentada con la falta de su sangre y dolor de las espinas, si la inclina á un lado, se le hincan mas; y si al otro, lo mismo; no teniendo donde poder reclinarla, ni mas brazos donde ponerla que los duros de la Cruz: el Cuerpo por todas partes abierto, descortezado y hecho una llaga; los ojos lastimados con la sangre que caia de las espinas, con las salivas y con sus mismas lágrimas; la lengua amarga con la hiel y vinagre; los oidos atormentados con blasfemias é ignominias que le estaban diciendo: el corazon traspasado viendo á su Madre con él crucificada; desamparado de su eterno Padre: sumamente afligido de que tanto padecer le habian de pagar tan mal: mirale quién es y cómo está, y mira tú quién eres, por quien asi está. Considera que has de llegar al tribunal de este Señor: que sola una vez has de morir: que no tienes mas alma que una: que la vida que tienes es muy breve: que la gloria del cielo es para siempre; y que los rigurosos tormentos del infierno nunca se han de acabar.

DICTÁMENES DE ESPÍRITU Y PERFECCION, SACADOS DE LAS OBRAS DEL PADRE JUAN EUSEBIO NIEREMBERG.

§. I.

De la obediencia y rendimiento á Dios en el modo de servirle.

1 Nunca se consuele uno de poder poco, pues puede

amar mucho á Dios. Muchas veces conviene que no haga nada para que pueda hacer cosas grandes. Treinta años estuvo en silencio Cristo, y no mereció menos que el dia que padeció tan rigurosos tormentos, y los tres años que predicó.

2 La ocupacion principal del alma nunca ha de cesar, aunque no esté ocupado el cuerpo. El hacer lo que Dios quiere es la principal hacienda de una criatura. Y mucho hace si mucho ama y quiere hacer mucho; que cuando no puede mas, se le pasarán en cuenta sus deseos.

3 No te ha menester tu Criador: no te inquietes por no poder hacer mas. Sin ti hará el Señor lo que quiere. Si no es para hacerle bien, de nadie tiene Dios necesidad,

de espíritu.

4. Muchas veces te convendrá mas mortificarte alguna ficcion, que si predicaras en mil lugares, é hicieras grandes penitencias. Y si te quita Dios la salud, antes te añade materia de merecimientos.

5 No busques servir á Dios, sino como él quiere. ¿Que aprovecha á un criado trabajar mucho, si no es con gusto de su amo? Porque despues de grande quebranto estará en desgracia de su Señor.

6. Si no quiere Dios que obres grandes cosas, buena recompensa es que padezcas. Si te quita con la poca salud las penitencias, sabe que es mejor la obediencia que el sacrificio, y rendir tu voluntad con paciencia, que hacer por tu gusto grandes abstinencias y asperezas.

7 No porfies en andar el camino que Dios te cierra. Aconséjate con tu Padre espiritual, y rinde tu juicio. Camina por la obediencia al cielo en hombros agenos. Guárdate que no pienses que es inspiracion lo que es inclinacion ó vicio.

8 No quieras ser Santo de otra manera que lo que Dios gusta. Poco humilde eres si presumes ser mas que los justos que, segun dice el Espíritu Santo, caen siete veces al dia.

9 No es muy desgraciada caida la que es para que no caigas mas bajo. Si te humillas con tus faltas, es grande fruto de ellas: conviene que estés fundado en humildad; y asi no quieras ser mas Santo de lo que Dios quiere que seas; pero quiere que lo seas mucho fundado en humildad.

10 Mira que el Eclesiastes dice: no quieras ser justo demasiadamente. Inquietarte has si quieres: y piensa ser justo de manera que nunca faltes, ni te descuides en nada. Este pensamiento y cuidado demasiado, aunque sea de ser Santo, te puede desasosegar; y con él perderás la paz por donde quieres procurarla, y te enlodarás por donde quieres purificarte.

§. II.

De la oracion y mortificacion.

11. Si no te dejan dar á la oracion y contemplacion, ocúpate en cosas exteriores; cuando es por obediencia, claridad y necesidad, no te puede faltar este bien de hacer la voluntad de Dios.

12. No impiden tanto á la contemplacion las acciones

exteriores, cuanto las pasiones interiores; aun los oficios corporales de la via activa, cuando por ellos se mortifica el alma, dispone para la contemplativa; porque mortificado por ellos el corazon, tiene menos embarazo de afectos.

13 Busca mas á Dios, que á sus dones y regalos. No faltes á la oracion por muchas sequedades que tengas. Sírvele sin interes, por ser él quien es. Mayores y mas frecuentes caidas han sucedido por los regalos que por las sequedades. Y como dijo un siervo de Dios: los demonios de las consolaciones son mas sutiles y peores que los de las tribulaciones.

14 El mayor regalo que debias desear es la Cruz. No pongas la mira en tener lágrimas, ni consolaciones ni

de espíritu.

visitas del cielo; sino en firme amor de Dios, y padecer por tu causa. En querer levantar la cabeza está todo peligro; en bajar la seguridad.

15 Por eso guárdate, no presumas, despreciando algunas devociones de ternura, diciendo no está en ellas la virtud sólida: es asi; pero suelen ayudar á ella, y los Santos las han tenido.

16 Está paciente cuando te falte toda devocion y consuelo. Haz de tu parte lo que puedas, y podrás mucho, sufriendo y sujetándote á Dios sin faltar á tus ejercicios acostumbrados: mira que si los cortas, te faltarán las fuerzas del espíritu, como á Sanson las del cuerpo cuando le cortaron los cabellos.

17 No busques la mas alta oracion, sino la mas prove-

chosa para ti. Aquella es mejor oracion, de donde sale uno mas humilde, paciente, desengañado y mortificado: no en la que está mas devoto, mas quieto y mas elevado.

18 Aunque es tan gran bien la oracion, mas vale que seas persona de mortificacion, que de oracion.

19 La oracion sin mortificacion, ó es ilusion, ó no será oracion. Por mas que ores, no serás perfecto si no fueres mortificado.

20 No tengas aficion á cosa de esta vida, y despertarás en ti grande amór de Dios. Gran cosa es abrir la puerta del cielo por cerrarla al mundo. Bien acompañado estarás si huyes de todas las criaturas, porque estarás con el Criador.

21 Gran trueco hace quien halla en una pieza todos los

de espíritu.

bienes por dejar lo que tiene. Desnúdate de ti mismo, y te vestirá el Señor con su gracia.

22 Dichoso el pobre de espíritu, pues tiene en Dios todas las riquezas del cielo y tierra; y muy rico es quien tiene mas que todos por no querer nada.

23 Retírate dentro de ti, y no quieras ver lo que no debes querer. Pues dejaste el mundo, olvídate de él: que gran cordura es perder la memoria de lo que se perdió la aficion.

24 Aviva la fe, y ama los bienes eternos que son verdaderos, aunque no los ves; olvida los temporales que no son bienes, aunque lo parecen.

§. III.
De la caridad y paciencia.

25 La caridad no ha de ser solo de Dios, sino tam-

bien de tus hermanos. Y si no les puedes hacer otro bien, súfreles sus condiciones.

26 No te enfades con tu hermano por su poco caudal ó falta de su natural, que no se lo dió Dios mejor. Y pues nadie tiene sino lo que Dios da, no te vuelvas contra tu Criador. Si tú tienes mas partes no te tengas por mejor. Teme que con tu poca humildad no te levantes con la hacienda de tu Señor, en lugar de agradecer lo que de él has recibido.

27 Gran cosa es sufrir una injuria por Cristo; y lo debes preferir á cuantas asperezas puedes hacer, aunque sean mayores que las de grandes Santos. Las penitencias puedes dejar sin pecado; pero la impaciencia no la tienes sin culpa: y no se debe hacer una ofensa de Dios, aunque sea venial, por

de espíritu.
todos los bienes del mundo, aunque sean buenas obras.

28 No son verdaderos tus buenos deseos, si no sabes sufrir. Muchos deseando ser mártires y atormentados de los tiranos, no llevan bien que les quebrante la voluntad de su superior ú otro hermano suyo, aunque sea siervo de Dios. La mejor penitencia es sujetarse á la observancia. ¿Que aprovecha desear pelear con gigantes que no los encontrarás, y dejar vencerte de los mosquitos que te rodean?

29 Sé agradecido á los que te injurian y causan otro mal, pues es para gran bien. Míralos como instrumentos y oficiales de Dios, señalados para que te labren, para que bien labrado como piedra preciosa, te coloquen en buen lugar en el cielo. A los que les cor-

tan un brazo ó pierna, pára el cancerado; porque por este medio vive temporalmente; ¿pues por que te has de enojar con los que sin tanta carnicería te ayudan para que vivas eternamente?

§. IV.

De la paz en los trabajos.

30 Teniendo á Dios, no sientas tener penas; estar sin Dios, es infierno, aunque fueras señor de los cielos, y gozaras todos los contentos del mundo.

31 Dios y trabajos, suma dicha es, pero gran dicha sin Dios, es suma miseria. Mejor es sufrir que echar de los hombros la cruz que Dios te pone, y te ayudará á llevarla.

32 Si no te rindes á padecer, no hallarás paz. No pien-

de espíritu.

ses que te estorba la perfeccion lo que Dios te da. Engáñaste si piensas que te impide el ser Santo, lo que el Santo de los Santos te envia para ejercicio de virtud.

33 No resistas á tu Criador, que podrá mas que tú. No juzgues á Dios, diciendo, que te podia enviar otros trabajos. El sabe lo que conviene para su gloria y para tu salvacion; y por medio de tentaciones torpísimas y representaciones inmundas sabrá purificar un alma.

34 Si tienes trabajos y tribulaciones, mas tienes de lo que mereces: mercedes son de Dios; y aunque los cuentes por castigos, créeme que serán mayores los beneficios que has recibido: vive siempre agradecido á Dios, que no puede hacer agravio á nadie.

35 Tienen mucha ponzoña las culpas, y no es maravilla que la lamente el corazon con desamparos, amarguras y desmayos. Quita la causa, y sufre con paciencia los afectos, y adora la justicia divina que en ti se ejercita, pero espera en su misericordia.

36 Si sientes mucho estar tan seco y como apartado de tu Dios, confórmate aun en esto con la voluntad divina con total resignacion, y te servirá de puerta para llegarte mas á tu Criador. No te está mal que sientas alguna ausencia de Dios nuestro Señor para que te humilles y mortifiques en lo vivo.

37 No son siempre por faltas las ausencias de Dios, sino para probar las almas, y ejercitarlas en paciencia. Cuando falta viento convie-

ne que remes. Quien ama en la tribulacion, largos pasos da por el camino del Cielo.

§. V.

De la confianza en Dios, y dolor de las faltas.

38 Sabe dolerte de tu culpa, por ser ofensa de Dios; pero con gran confianza de su misericordia, y sin melancolía de tu miseria. Aunque tuvo Judas pesar de su pecado, no le remedió, porque se olvidó de la esperanza.

39 Antes de hacer la falta, el espíritu de Dios la agrava y exagera; pero despues de hecha, facilitando el perdon, la deshace. Lo contrario hace el mal espíritu, que antes de cométer la culpa la disminuye; mas despues de hecha, la encarece para que se dé

todo por perdido; y no pidiéndose luego perdon, se haga dificultosa la enmienda, y ande uno melancólico, ó cometa nuevas faltas para desahogar su pena con la libertad debida.

40 Soberbia puede ser la demasiada tristeza de las faltas; y como nace esta penitencia de tan mala raiz, lleva malos frutos, porque nace de tan gran falta como la presuncion; y asi es ocasion de otras faltas. Conoce tu miseria y la misericordia de Dios; y mas poderosa ha de ser su misericordia para alegrarte, que tu miseria para podrirte.

41 Grande honra y gusto recibe Dios cuando llega uno á pedirle perdon. Siente bien de su piedad, y no midas á tu Criador por ti. No pienses que tiene corazon vengativo y sañudo: todo es paz

y mansedumbre. No pensemos que es de la condicion de los hombres, que se canse de nuestra instancia: no hagamos á Dios de otra manera de lo que es; muy compasivo es, muy perdonador, muy Padre.

42 Aborrece cualquier falta, y confia el perdon de todas. Las que hacen llaga de costumbre, y que las ceba alguna pasion ó aficion, son mas para temer.

43 Teme toda culpa antes de hacerla, como si no hubiese de tener perdon: mas despues de hecha llega á Dios que te cure, con tanta confianza como si no le hubieras ofendido, sino antes servido mucho. Llega con gran dolor y confusion; mas no te estés melancolizando.

§. VI.

Cómo se ha de sacar provecho de las faltas, y resistir á las tentaciones.

44 Lo que has de sacar por tus faltas, es humillarte mucho mas, no podrirte: enmendarte, no despecharte. Fia de Dios, que aunque caigas mil veces, dos mil te dará la mano: siempre sobrará su misericordia á tu miseria y flaqueza.

45 Levántate de tu falta luego, y sirve á Dios con doblado fervor que antes. Sírvante tus faltas de conocerte mas á ti y á Dios. Con esto de tus llagas sacarás mas salud, y con sus mismas armas vencerás al demonio. Aprende á caminar con tropiezos; aunque caigas, no te pares.

Servir á Dios nuestro Señor sin faltas, en el cielo se hace.

46 No es maravilla que no hayas arrancado de tu corazon toda la mala yerba. No se arrancan en dos dias las raices de nuestros apetitos. Mira que es peligro de la vida espiritual, cuando se siente uno muy fervoroso, pensar que no ha de tener mas pasiones ni faltas, sino que ha de quedar sano y puro desde luego: que debajo de tan santo velo puede esconderse alguna presunción de no poco daño; porque conociendo despues el engaño con las faltas que se hacen, dejan muchos lo comenzado. Conviene tener con quien pelear, y mostrarte fino con Dios; y asi no entiendas que está el campo sin enemigos.

47 Procura pelear bien

porque no seas vencido. Muchos son contra ti, y no ves tus enemigos; por eso has de suplir con perpetua vigilancia la ventaja que te llevan. Nunca estés sin armas, pues siempre estás entre contrarios.

48 Persuádete que nunca estarás en tu vida seguro de tentaciones; y asi, está siempre prevenido para que no solo salgas sin daño, sino que saques algun provecho y salud de tus mismos enemigos.

49 Sírvate de algo el demonio cuando llegue á tu casa, sirviéndote de recuerdo para llegarte mas á Dios, haciendo alguna oracion ó acto de amor de Dios. Cuando sintieres la tentacion, humíllate tambien á Dios; acuérdate de sus infinitos beneficios y de tus postrimerías.

§. VII.

Del bien de las tribulaciones y trabajos.

50. ¿Tienes desamparos? ¿Tienes tentaciones? ¿Tienes escrúpulos? ¿Tienes dolores del cuerpo, y mayores aflicciones del alma? Consuélate que puedes tener paciencia; la cual, si no es remedio de todo, es mas bien, que todas esas cosas son (tal). No hay mayor caridad que dar la vida por el amigo; ¿y por ventura podrás dar mas que la vida cuando te expones á padecer por Cristo (lo que aborreces mas que la muerte) esos desamparos mezclados con tantas tentaciones y tribulaciones del espíritu?

51. A los niños se quita la leche: muchas ternuras y consolaciones nos suele dar Dios á

los crecidos en espíritu: susténtales con pan de lágrimas y manjar sólido de tribulaciones. Por eso se mostró el Señor al Evangelista San Juan ceñidos los pechos; pero con muchas luces en las manos; porque no suele alumbrar Dios poco cuando quita á uno la leche de los gustos de esta vida, afligiéndole con trabajos.

52 Teme las culpas, mas no las penas. No te desconsueles por lo que Dios gusta. No aborrezcas aquello de que Dios se agrada. Ahora conviene padecer: mira que estás lleno de amor propio, pues sientes tanto tu trabajo; pues tienes tan poco amor de Dios, que no quieres lo que por tu bien quiere.

53 Si no puedes alegrarte, consuélate con la esperanza de mejor tiempo, que no du-

de espíritu. 509

rará siempre la tribulacion: puras mezclas suele tener de alguna devocion ó alivio. Despues de la tempestad viene el tiempo sereno; no se aflige mucho el buen hijo cuando le castiga su padre, que á otro dia le regalará.

54 Si tuvieses verdadero y fino amor de Dios, no te hallarias sin padecer algo por él. No es posible declararse cuán grande bien es amar y padecer. Quien ha de gozar de Dios eternamente, no debia dudar de trabajar un instante.

55 En la Cruz hallarás á Jesucristo, Redentor nuestro, y por la Cruz le buscá. Créeme que tanto menos padecerás, cuanto mas quieres padecer. Cuánto mas sujetares tu voluntad para obrar con la Cruz, menos pesada la sentirás. Ninguna co-

sa te dará mas que padecer que tu propia voluntad.

56. Si en esta vida hubiera ó hubiese habido cosa mas noble y de mas provecho, y que mas conveniente fuese al hombre que la tribulacion, Dios se la diera á Jesucristo Señor nuestro; mas como no hay cosa mas provechosa, le dió que padeciese en esta vida mas que cuantos fueron, son y serán.

57. Si adoramos la santísima Cruz porque estuvo Cristo Señor nuestro enclavado en ella por espacio de medio dia, tambien debemos reverenciar la tribulacion, pues nuestro Señor Jesucristo la sufrió por espacio de treinta y tres años hasta morir en la misma Cruz.

58 Antes tendrian por mejor todos los Santos del cielo, y

de espíritu.

escogieran carecer de la vista de Dios hasta el último dia del juicio, que perder el mérito y la mas pequeña gracia que ganaron en la tribulacion y adversidad, que con paciencia sufrieron y toleraron en esta vida.

§. VIII.

Para la discrecion de espíritu en los sentimientos de corazon.

59 Examina bien tus sentimientos, no sean de carne los que piensas que son espirituales. No es toda devocion espíritu, el cual no ha menester cosa sensible. No tiene firme cimiento lo que se funda en esto. Aun grandes fervores y ardores de amor de Dios se suelen hacer como espuma.

60 El amor sustancial es

el que importa cuando con firme resolucion se abraza uno con la voluntad de Dios nuestro Señor, y la busca por navajas, y se entra por puntas.

161 No se ha de atender á gana ni desgana, á devocion ni sequedad, sino con un teson invencible buscar en todo acontecimiento la gloria y servicio de Dios. Quien no hace esto nunca anda muchas leguas en el camino de la perfeccion, antes siempre suele estar al principio andando contemplando con la naturaleza, y no siguiendo la razon que ha de servir continuamente al espíritu.

62 Los sentimientos de Dios son, que te humilles, que te deshagas, que te venzas, que padezcas, que no mires por ti, que no tengas otra intencion ni respeto si-

no de agradar á tu Criador.

63. Ni tengas demasiada alegría ni tristeza, que suele turbar la razon: hablo de la alegría y tristeza sensible, porque la espiritual se ha de acomodar el amor y odio de la cosa, á la cual se sigue y perfecciona mas el conocimiento de ella.

64. Ni te has de alegrar mucho con las consolaciones y regalos de Dios, ni entristecerte con los aprietos y desamparos; porque como turban estos afectos sensibles á la razon, pueden causar grandes daños; y con ser de suyo tan buena la tristeza del pecado, si no va ordenada, ha hecho desesperar á alguna.

65. Asi como la tristeza sensible puede el demonio atizarla de manera que pare en despecho y desesperacion; asi la alegría se puede avivar

de manera que venga á parar en hacer locuras.

66. No es regla cierta de la bondad de las obras el sentimiento de ellas, sino el ajustamiento á la razon.

67. Bueno es servir á Dios con alegría, y no se deben despreciar los consuelos; pero no habemos de buscar demasía en ellos; y antes debemos escoger penas por Dios, que sentir regalos en esta vida, que es valle de lágrimas.

68. Manjar de niños suelen ser las consolaciones y gozos sensibles, y aun, segun San Pablo, las revelaciones, visiones y profecías. Todas estas cosas pueden compadecerse con pecado mortal. Manjar de varones es caridad, mortificacion, paciencia, aflicciones, cruz, con amor de Dios.

§. IX.

De la limpieza de afectos y regla de la razon con que se ha de vivir.

69 La naturaleza del hombre es vivir segun razon; pero engáñanos el afecto, y medimos las cosas por lo justo sino por el gusto; no por la caridad, sino por la inclinacion y amor propio.

70 Si quieres acertar con la razon, prefiere á Dios sobre ti mismo, y á tu hermano no por lo menos le iguala á ti. Por una misma balanza has de juzgar tus comodidades y las agenas. No tengas una pesa pequeña para dar, y otra grande para recibir.

71 Ponte siempre en lugar de tu prójimo, y á tu prójimo pon en tu lugar. Cuando eres

injuriado, haz cuenta que tú injuriaste, con eso no te quejarás: y si cuando injuriares hicieres cuenta que eres el injuriado, no quedarás ufano.

72 Cuando haces alguna cosa por otro no te parezca mucho: y cuando la hace otro por ti, no te parezca poco. No condenes en cosas ligeras á tu hermano, y á ti no te excuses luego en las grandes.

73 No quieras en los otros justicia solamente, y en ti solamente gracias: no te des por ofendido en lo que te dijeren contra tu gusto; ni te des por inocente por lo que tú dijeres.

74 No porque tienes afición á uno pienses que todo lo que ese hace está puesto en razon; ni porque te enfade otro pienses que va fuera de camino en cuanto hiciere. Algunas cosas buenas tendrá

de espíritu.

tu enémigo, y tu amigo tendrá otras malas. No es todo justo lo que toca á ti, ni todo injusto lo que toca á otros.

75 No tengas dos corazones, uno para ti, y otro para los demas. La razon ha de ser la regla de tu voluntad. No estimes las cosas por lo que agradan, sino por lo que aprovechan. No juzgues por la apariencia, sino por la verdad.

76 No te enojes porque busquen otros su comodidad, pues te perdonan que busques tú la propia. No lleves mal que otro se queje de ti, y no quieras que confiese que tú tienes quejas justas de él.

77 Tal seas con otros como quisieras que otros fuesen contigo; y quiere ser tal con Dios, como Dios es contigo. Trata á los hombres como Dios te trata, sufriéndote mu-

che, haciéndote tantos beneficios, y no te quejes si te tratan los hombres como tú tratas á Dios, siéndole desagradecido, y ofendiéndole tanto. Quien sabe que ha ofendido al Criador de todas las cosas, debe sufrir de todas con paciencia los trabajos que le dieren. No se quejen de ninguna, pues vengan á su Criador.

Medios para el sosiego y paz del corazon.

78. Resígnate todo y todas tus cosas en Dios con pureza de intencion. Ten siempre por sumo consuelo su voluntad y disposicion eterna. Si quiere que estés en tinieblas ó en luz, en tribulacion ó en prosperidad, en angustia ó en anchura de corazon,

de espíritu

pobre de sus dones ó rico de celestiales favores, siente bien de su bondad. Las cosas graves y molestas, sean las que se fueren, recíbelas con humildad, y no solo con sufrimiento, sino con alegría, de mano de su piedad y providencia paternal, creyendo que todo lo ordena por tu bien.

79. Lo que por ningun órden puedes remediar ni corregir en otros, encomiéndalo á Dios, esperando con gran paciencia hasta que de otra manera lo disponga, y convierta el mal en bien.

80. Si no puedes sufrir con alegría la injuria y afrenta que te hicieren, á lo menos no te turbes indiscretamente. Mayores afrentas sufrió tu Redentor con mansedumbre por ti. Refrena el ímpetu del ánimo, y pon los ojos en Dios,

que justamente, y sin duda de puro amor permite que seas afligido antes que en el hombre que te aflige.

81 Mira que hagas antes la voluntad agena que la propia: sujeta fácilmente tu parecer á otros, no teniendo alguna cosa en mas que la santa obediencia.

82 Nunca te estimes en mas que otro: nunca desprecies á nadie, juzgate por el mas vil y miserable de todos: sujétate á todos; desea por amor de Dios agradar á todos, y oye con paciencia á los que te amonestan ó reprenden, aunque te parezca que son menos que tú; teniendo por mejor conocer humildemente tu culpa, que excusarte con obstinacion y soberbia.

83 Con tanta voluntad has de gustar ser pequeñito, con

cuánta los del mundo gustan de ser grandes. Desea ser tenido en poco, y no ser estimado para que parezcas mas semejante á Cristo nuestro Redentor, y á su Madre la Virgen María.

84 No quieras vanamente agradar á nadie, ni tampoco temas vanamente desagradarle. No juzgues ni examines ligeramente las obras ó palabras agenas, y no te metas en cuidados superfluos.

85 Muéstrate benigno y afable con todos. Gózate de los bienes agenos como de los propios tuyos, y por los males agenos llora. Ama á todos con entrañable caridad, no enfadándote de nadie, por mas molesto que sea, no desesperando de la salvacion de alguno.

86 Conténtate con pocas

cosas, busca las mas llanas, acordándote de la pobreza que tu Dios y Señor tuvo, y te encomendó: tú discípulo, y él Maestro, tú siervo y él Señor, gócese el discípulo cuando imita al maestro: alégrese el siervo cuando sigue al Señor.

87 El principio de la paz es el fin de los deseos: ni ames ni temas cosas de la tierra, y serás dueño de ti, y mas que señor del mundo. Ama solo á Dios, y teme solo al pecado, con esto gozarás de paz: riquísimo serás si no deseas nada; y si no temes, segurísimo estarás. ¿Quien te puede hacer mal si tienes el mal por bien? ¿Y quien te podrá hacer pobre, si son tus riquezas no desear, ni amar cosa?

88 Los deseos aunque sean santos, han de ser acomodados al estado, y tiempo de

cada uno. Cuando estás enfermo, ¿para qué deseas predicar ni ir á los hospitales? Desea tener paciencia y buena condición, que esto te conviene. Los deseos desproporcionados hacen perder el tiempo para otros mas provechosos.

89. El demonio procura que te cebes en deseos de cosas que no te pertenecen ni te han de suceder, para que no te emplees en desear lo que te importa y te ha de venir á las manos; y descuidando de esto no logres las ocasiones de aprovechar. Las cosas temporales se pierden no previniendo lo futuro. Las espirituales no atendiendo á lo presente. Virtudes ejercitadas, no las discurridas aseguran lo eterno: haz lo que haces, y no lo que harás. Atiende á hacer bien

§. XI.

De las jornadas y nueve ventas del camino de la perfección.

No hay cosa que mas importe que servir á Dios nuestro Señor, y no ha de haber cosa que mas se codicie. Los que menos deseos dan las fuerzas al alma, vence toda dificultad y cansancio que puede haber en el camino de la perfección, el cual es muy largo, mucho te queda siempre que andar, no te pares en él, porque será volver atrás; muchas jornadas y ventas tiene, no te detengas en ellas, sino pasa siempre adelante, y para que conozcas en qué parte estás, sabe que señalan los maestros de espíritu nuevos grados ó ventas á los que desean servir á Dios nuestro Señor. Tú mira en cuál estás, y cuánto te falta de toda la jornada.

92 En la primera están los que despues de confesados tienen propósito de no hacer pecado mortal; pero no reparan en cometer culpas veniales; tienen fria la caridad, y buscan comodidades de la vida. Esta venta fuera está del infierno; pero muy cerca de él, como dijo Tritemio. Otro doctor dice, que los que no pasan de aqui, andan sobre la boca del infierno; porque está muy á pique de condenarse quien despreciando los pecados veniales y amando los regalos, no previene las ocasiones y peligros del pecado mortal; y aunque uno muera, y se salve en este agrado, es horrible y tremendo el purgatorio que padece-

rá, y sus obras buenas serán muy impuras é imperfectas, y así de poco merecimiento.

93. En la segunda estan *los que andan en cuidado de oir las inspiraciones de Dios*; no siguen la vanidad del mundo, quitan todas ocasiones de pecado grave, acuden á cosas de devocion; pero no cuidan de cosas pequeñas; y aunque evitan los pecados veniales mayores, no huyen de todos, ni evitan los lazos de Satanás en cosas menores, dejándose llevar de algunas pasiones; y así no tienen fervor para grandes obras de virtud: estos tales suelen tener alguna falsa seguridad y satisfaccion de que sirven á Dios nuestro Señor, con lo cual vienen á caer en muchas faltas.

94. En la tercera estan *los que han vencido mas perfecta-*

de espíritu.

mente su carne, y hollado al mundo haciendo grandes penitencias, vigilias y ayunos; los cuales ejercicios ayudan á la virtud; pero hacen todo esto para huir del infierno y purgatorio, y alcanzar el cielo mas que por puro amor de Dios nuestro Señor. A los cuales suele engañar el demonio para que no se ocupen en los ejercicios interiores de la mortificacion, de afectos de humildad y caridad, y otras nobilísimas virtudes, teniendo aficion á algunas criaturas, no despegando el amor de algunas ocupaciones y personas; porque dicen que es lícito, y no pecado: no advirtiendo que con estos afectos no mortificados ponen impedimento á la gracia del Señor; y asi andan distraidos con cuidados y varias pasiones.

95. En la cuarta estan los que no solo hacen penitencias y otros ejercicios corporales, sino que andan mas interiores, y se ocupan en la oracion mental; pero fáltales el negarse á sí mismos; porque en estos ejercicios no tanto buscan con pureza la gloria de Dios nuestro Señor, cuanto el gusto de su devocion, holgándose con la ternura que en ella sienten, buscando su própia voluntad, y siguiendo su propio juicio: los cuales, aunque cuando estan devotos, tienen grandes deseos y propósitos de mortificarse, sufrir y padecer; en pasándose aquella ternura y devocion, con cualquier adversidad desmayan; y cuando les mandan algo contra su voluntad, repugnan, y muestran su poca mortificacion. Tienen escondido el amor propio, que

de espíritu.

sin advertirlo ellos se van tras su gusto y voluntad buscando razones con que defenderla.

96 En la quinta estan los que en todas sus obras y ejercicios renuncian su propia voluntad por hacer la de Dios, y obedecen, no solo á sus superiores, sino á cualquier otro hombre en lo que se puede hacer sin pecado ni falta: oyen las inspiraciones divinas, procuran gran pureza de corazon, y desean con ardientes deseos, y con todo género de buenas obras agradar á Dios, y unirse con él: estos ya estan mas seguros, andan con verdad, y á Dios son mucho mas agradables que todos los pasados; pero no tienen aun arraigada en el alma la mortificacion; y algunas veces suelen titubear en su buen propósito, buscándose en algo á sí;

pero reconociéndolo, luego se duelen, y se vuelven á Dios como antes, resignándose en su divina voluntad.

97 En la sexta estan los que se resignan perfectamente, y dejando su propia voluntad, perseveran con constancia en su abnegacion, buscando con teson la gloria y honra de Dios; pero con una oculta inclinacion de la naturaleza buscan tambien con alguna ansia *su consuelo espiritual* con menor pureza de intencion; y asi suelen impedir con esta propiedad la operacion del Espíritu Santo; porque no enderezando todas las cosas á la *gloria* de Dios y á nuestra mortificacion, faltamos en el uso de los dones y beneficios divinos.

98 En la séptima estan los que con gran provecho saben usar de los dones y gracias de

Dios jugando entrambas manos, asi en el tiempo de la consolacion como del desamparo, dispuestos para seguir en todo el beneplácito divino, asi en las cosas exteriores como en las interiores; así del cuerpo como del alma y espíritu, andando siempre tras lo que Dios quiera, como la sombra anda segun el movimiento del cuerpo; imitando cuanto pueden la santísima vida de Cristo nuestro Redentor, y la mortificacion de su Cruz, hallando en toda adversidad y desamparo la paz espiritual, fundándose en amor de Dios, con el cual no solo hacen grandes cosas, sino que las sufren; y asi los enriquece el Señor con muchos favores y gracias, ilustrándoles el entendimiento é inflamándoles la voluntad. Con todo eso, porque suele ser la abundancia peligrosa á los poco advertidos, acontece algunas veces, que sin advertirlo se dejen llevar, ó alegren con el amor sensible, mas de lo que conviene, y deben mortificar esto.

199. En la octava estan dos que todas sus cosas, y á sí mismos se resignan puramente en Dios, holgándose que haga en ellos, asi en tiempo como en la eternidad, lo que quisieren, no reservando ellos en sí ninguna propiedad ni apego á las criaturas. Estos suelen ser visitados de Dios nuestro Señor con mas favores y revelaciones; pero ocultamente se suelen holgar mas de recibirlas, que de carecer de ellas; y en esto está escondido cierto género de voluntad propia, que delante de Dios será defectuosa; porque mas valdria

de espíritu.

estar libres de este afecto totalmente, y solo admirar y engrandecer la bondad divina, que sin merecerlo ellos, es tan liberal para consigo: y cuanto es de su parte debian estar muy resignados para carecer de todo eso, quedarse en todo desamparados, siendo el gusto divino; porque en estos dones y favores no está la perfeccion; pero por ellos declara Dios su infinita Bondad, y atrae á los flacos para que alcancen la perfeccion.

100 Ultimamente estan aquellos que con fervorosos ejercicios de virtudes, y ardientes deseos, y verdadero temor y amor de Dios, han consumido los afectos de carne y sangre, quedándose como un espíritu puro, y libres de toda propia voluntad; porque el ardiente amor de Dios

nuestro Señor, que en ellos vive, se ha señoreado de todo el hombre sujetado á la naturaleza, y la ha levantado sobre sí misma. Estos son los mas amados hijos de Dios, en los cuales derrama á manos llenas sus divinos dones, y los eleva á un subidísimo conocimiento é ilustracion de su divina Esencia; pero ellos estan tan desasidos de sí, y tan mortificados que no paran en tan grandes favores, ni se gozan de ellos por ser bien suyo, sino por ser voluntad de Dios, porque estan totalmente deshechos de cualquier respeto, y miran á su propia comodidad y voluntad, fundados pura y únicamente en fe y caridad, con la cual llevan cualquier pena y adversidad por la gloria de Dios y bien del prójimo, sin ayuda de algun consuelo ó alivio, porque se tienen por muy merecedores de todo abatimiento, ultraje y aficion, juzgándose sin fingimiento alguno por los mas viles de todas las criaturas, y no desean cosa mas que ser ultrajados, menospreciados y atribulados de todos, y padecer terribilísimos tormentos y trabajos por Jesucristo nuestro Redentor; mas nunca pueden llegar á padecer tanto, que no deseen padecer mas: y aunque solamente se saben gloriar con el Apostol en la Cruz de Jesucristo, no ponen por alguna negligencia suya impedimento ni estorbo á la gracia divina, y á la abundancia de dones y visitaciones celestiales, con que el Señor los enriquece, haciéndose aptos instrumentos del Espíritu Santo para que haga de ellos lo que quisiere, y ellos se muestren agradecidos á su infinita misericordia. Estos tales lucen y arden con caridad de Dios y del prójimo. En lo exterior buscan lo peor, mas abatido, mas penoso cuanto es en sí; y en lo interior, llenos de caridad, no tienen ni amor, ni gusto, ni voluntad própia, sin desear consolacion alguna sensible, imitando en todo á su Redentor y Maestro Jesucristo.

Mire el que desea servir á Dios nuestro Señor en qué clase de estas está, y correrse ha, que pensando que ha llegado al tercer cielo, se hallá muy á los principios, y que no ha salido de la tierra.

EXERCICIO UTILÍSIMO,

Con el cual la alma, deseosa de su salvacion, dará principio al dia, para vivir y morir santamente, y ayudará á otros en el trance de la muerte.

Eterno Dios, infinito en todas las perfecciones, yó, criatura vuestra indignísima, con profundo respeto os adoro como á mi Dios y Señor, y principio y fin de todas las cosas: me humillo en el abismo de mi nada delante de vuestra soberana Magestad: alabo y glorifico vuestro infinito Ser, y me gozo de vuestra eterna felicidad y gran gloria. Creo firmemente, como revelado por Vos, verdad infalible, que sois Uno en la esencia, y Trino en las personas, Padre, Hijo y Espíritu Santo. Creo y confieso que la segunda Persona se encarnó para redimir al género humano. Creo que hay premio y castigo eterno en la otra vida: y creo todo lo que me enseña la Iglesia Santa, y por ello daria mil vidas.

Espero de vuestra infinita misericordia por los méritos de mi Señor Jesucristo, que he de conseguir la gloria para que me criasteis. Temo vuestra justicia, considerando mis muchos pecados y el peligro de cometer otros.

Con todo el afecto de mi corazon os amo sobre todas las cosas por vuestra bondad infinita; y quisiera que yo y todas las criaturas os amásemos como os aman los Angeles y Justos, con cuyo amor junto yo el mio imperfectísimo.

Protesto que no consiento, ni quiero consentir jamas en cosas que sean del menor disgusto de vuestra Magestad, cuanto es de mi parte.

Con vuestra gracia acepto de buena gana todos los trabajos que me vinieren de vuestra mano, no deseando otra cosa que lo que Vos quereis, para que en mí, de mí y de todas mis cosas se cumpla vuestra voluntad santísima.

Os doy cuantas gracias puedo por todos los beneficios que me habeis hecho; porque me habeis criado, conservado, redimido, dado fe, Sacramentos, Ángel de guarda, y bienes espirituales y temporales. ¡O que mal he usado yo de estas gracias! No permitais, Señor, que me valga de ellas sino para mas serviros y amaros.

En humilde reconocimiento os ofrezco mis potencias y sentidos, cuerpo y alma, mis obras, palabras y pensamientos de este dia y de toda mi vida, deseando que todos se ordenen, como desde ahora los ordeno, á mayor honra y gloria vuestra; y para que os sea todo mas agradable, lo presento todo unido con los merecimientos de los Santos, de la Santísima Vírgen y de mi Redentor Jesucristo, por manos del Santo Angel de mi guarda, y del Santo de mi nombre, cuyo patrocinio imploro.

Tengo intencion de ganar cuantas indulgencias pudiere para mí y para las almas del purgatorio, y en particular por las almas de N. y N., y desde luego aplico mis obras por aquella intencion que mandan los Sumos Pontífices.

Dios mio, porque sois infinitamente bueno, infinitamente digno de ser amado y servido, me pesa de haberos ofendido, y me arrepiento cuanto puedo de todos mis pecados, y los detesto sobre cualquier otro mal. Contrito y humillado os pido perdon de ellos, y quisiera rebentar de dolor antes que haber ofendido á una Magestad infinitamente amable y respetable.

Propongo firmemente, con vuestra gracia nunca mas ofenderos, y apartarme de todas las ocasiones de pecar, huyendo, no solo las culpas graves, pero aun las leves, cuanto permita la flaqueza humana.

Aceptad, Señor, esta mi alma en sacrificio, y llenadla de un abrasado amor de vuestra bondad, y de un eficaz odio de todo pecado, para que en todo acierte á daros gusto. Esto mismo con todos los bienes espirituales, y de los temporales, los que convinieren, os pido para mis parientes, bienhechores, amigos y enemigos, y para todos en general, á fin de que de ninguno seais ofendido, y de todos alabado, y en esta vida, y por toda la eternidad.

Acógeme á las llagas preciosas de Jesus mi Redentor, escondedme y defendedme en ellas, Dios mio, hasta que llegue á veros y amaros eternamente.

Todos estos actos es mi voluntad repetirlos cuantas veces pudiere en este dia; y en señal de que los ratifico, con el mayor afecto que puedo, digo, Señor, y diré, que lo dicho dicho.

EXORTACION CRISTIANA.

Piensa que te has de morir,
Piensa que hay gloria, é in-
fierno,
Bien y mal, y todo eterno,
Y que á juicio has de venir:
Ponte luego á discurrir
Tu vida y modo de obrar,
Y que ahora sin pensar,
Si te diese un accidente,
Que murieses de repente,
¿Adonde irás á parar?
 Piensa bien lo que te digo,
Trata de enmendarte fiel,
Mira que aqueste papel,
Será contra ti testigo:
A que no olvides te obligo
Muerte, juicio, infierno y
  gloria:
Deja toda vanagloria,
Y con cristiano talento
No hagas loco pensamiento

De una tan cuerda memoria.
 Si tener has presumido
En la postrera ocasion
Un acto de contricion,
Muy pocos le han conseguido:
Y aunque algunos le han tenido,
¿Quién, di, tan loco será,
Que en tal riesgo se pondrá,
Y cosa tan importante
Dejará para un instante,
Que no hay otro si se va?
 Una sentencia, una muerte
Habrá sola? el Juez es Dios,
Que de esto no ha de haber dos,
Donde se enmiende tu suerte:
¡Jesus, qué lance tan fuerte!
Mira que es para temblar,
Que remedio no has de hallar
En el cielo ni en la tierra,
Si en esto una vez se yerra,
Y que esta se puede errar. (cio,
 Mira que has perdido el jui-
Pues de ti propio homicida,
Te vas quitando la vida,

Con uno y con otro vicio:
Porque del loco artificio
Temporalmente te ves
Lleno de humano interes,
Ahora estás muy ufano;
pero repara, cristiano,
¿Que esto es ahora; y despues?
Este *despues* considera,
Que este *ahora* ha de faltar,
Y el *despues* ha de durar
Eternamente á cualquiera.
Este *despues* que te espera,
Es el que cuidado da,
Que este *ahora* claro está,
Que es ligero movimiento,
Nacido de un corto aliento,
Que cuando viene se va.
Dispón tu cuenta ajustada,
Que aun asi, cuando enferma-
 res, (res,
Del tiempo que alli encontra-
Aun no ha de sobrarte nada.
Mira que de esta jornada
No se ha de volver jamas.
Mira el parage en que estás:

Que es cosa para aturdir,
El saber que has de partir,
Y el dudar dónde será.

Oracion para pedir la divina gracia.

Soberano Dios, Criador y Redentor mio, suplícoos humildemente que merezca de vuestra divina bondad gracia, para que alumbrado con el favor de vuestros divinos auxilios, se aproveche mi alma de estas devotas y contemplativas dovociones que he leido, apartándome de todo aquello que no es de vuestro santo servicio, y conociendo lo que es mas de vuestro agrado, para que limpio de las manchas de mis culpas, vaya á gozar de la bienaventuranza, donde reinas por siempre jamas. Amen.

Soli Deo honor & gloria.

TABLA

DE LOS LIBROS Y CAPITULOS

LIBRO PRIMERO.

Contiene avisos provechosos para la vida espiritual.

Cap. 1. De la Imitacion de Cristo, y desprecio de toda la vanidad del mundo... pág. 1
Cap. 2. Cómo ha de sentir cada uno humildemente de sí mismo.......................... 4
Cap. 3. De la doctrina de la verdad................................ 7
Cap. 4. De la prudencia en las cosas que se han de hacer............................ 13
Cap. 5. De la leccion de las santas Escrituras............ 14
Cap. 6. De los deseos desordenados....................... 16
Cap. 7. Cómo se ha de huir

Tabla de los libros

la vana esperanza y la soberbia................ 18
Cap. 8. Cómo se ha de evitar la mucha familiaridad....... 20
Cap. 9. De la obediencia y sujecion.................... 23
Cap. 10. Cómo se ha de cercenar la demasía de las palabras. 25
Cap. 11. Cómo se debe adquirir la paz, y del celo de aprovechar................ 26
Cap. 12. De la utilidad de las adversidades............. 30
Cap. 13. Cómo se ha de resistir á las tentaciones...... 32
Cap. 14. Cómo se deben evitar los juicios temerarios... 38
Cap. 15. De las obras que proceden de la caridad...... 40
Cap. 16. Cómo se han de llevar los defectos agenos.... 43
Cap. 17. De la vida de los Monasterios................ 46
Cap. 18. De los ejemplos de

los Santos Padres............... 47

Cap. 19. De los ejercicios del buen Religioso............... 52

Cap. 20. Del amor de la soledad y silencio............... 58

Cap. 21. Del remordimiento del corazon............... 65

Cap. 22. Consideracion de la miseria humana............... 69

Cap. 23. Del pensamiento de la muerte............... 75

Cap. 24. Del juicio, y de las penas de los pecados............... 82

Cap. 25. De la fervorosa enmienda de toda nuestra vida............... 89

LIBRO SEGUNDO.

Avisos para el trato interior.

Cap. 1. De la conversacion interior............... 99

Cap. 2. De la humilde sujecion............... 106

Cap. 3. Del hombre bueno y pacífico. 108
Cap. 4. Del puro corazón, y sencilla intención. 111
Cap. 5. De la propia consideración. 113
Cap. 6. De la alegría de la buena conciencia. 116
Cap. 7. Del amor de Jesús sobre todas las cosas. 119
Cap. 8. De la familiar amistad de Jesus. 122
Cap. 9. Cómo conviene carecer de toda consolación humana. 126
Cap. 10. Del agradecimiento por la gracia de Dios. 133
Cap. 11. Cuán pocos son los que aman la Cruz de Cristo. 138
Cap. 12. Del camino real de la santa Cruz. 142

y capítulos. 551

LIBRO TERCERO.
Tratado de la consolacion interior.

Cap. 1. De la habla interior de Cristo al ánima fiel. 155
Cap. 2. Cómo la verdad habla dentro del alma sin ruido de palabras. 157
Cap. 3. Las palabras de Dios se deben oir con humildad, y como muchos no las estiman. 260
Oracion para pedir la gracia de la devocion. 164
Cap. 4. Debemos conversar delante de Dios con verdad y humildad. 165
Cap. 5. Del maravilloso afecto del divino amor. 169
Cap. 6. De la prueba del verdadero amador. 175
Cap. 7. Cómo se ha de en-

Tabla de los libros

cubrir la gracia debajo de la humildad. 180

Cap. 8. De la vil estimacion de sí mismo ante los ojos de Dios. 185

Cap. 9. Todas las cosas se deben referir á Dios como último fin. 188

Cap. 10. En despreciando el mundo es dulce cosa servir á Dios. 190

Cap. 11. Los deseos del corazon se deben examinar y moderar. 195

Cap. 12. Declárase qué cosa sea paciencia, y la lucha contra el apetito. 197

Cap. 13. De la obediencia del súbdito humilde á ejemplo de Cristo. 201

Cap. 14. Cómo se han de considerar los secretos juicios de Dios, porque no nos envanezcamos. 204

Cap. 15. Cómo se debe uno

haber y decir en todas cosas que deseare............ 207
Oracion para que podamos
conseguir la voluntad de
Dios...................... 209
Cap. 16. En solo Dios se debe buscar el verdadero consuelo..................... 210
Cap. 17. Todo nuestro cuidado se debe poner en so-
lo Dios................... 213
Cap. 18. Debemos llevar con
igualdad las miserias temporales á ejemplo de Cristo........................ 215
Cap. 19. De la tolerancia de
las injurias, y cómo se prueba el verdadero paciente.. 218
Cap. 20. De la confesion de
la propia flaqueza, y de
las miserias de esta vida. 221
Cap. 21. Solo se ha de descansar en Dios sobre to-
das las cosas............. 225
Cap. 22. De la memoria de

Tabla de los libros

los innumerables beneficios de Dios. 235

Cap. 23. Cuatro cosas que causan gran paz. 236

Oracion contra los malos pensamientos. 237

Oracion para alumbrar el entendimiento. 238

Cap. 24. Cómo se ha de evitar la curiosidad de saber todas las vidas agenas. 241

Cap. 25. En qué consiste la paz firme del corazon, y el verdadero aprovechamiento. 242

Cap. 26. De la excelencia del ánima libre, á la cual la humilde oracion mas merece que la leccion. 246

Cap. 27. El amor propio nos estorba mucho el bien eterno. 249

Oracion para limpiar el corazon, y para la sabiduría celestial. 251

y capítulos. 555

Cap. 28 Contra las lenguas de los maldicientes. 253

Cap. 29. Cómo debemos rogar á Dios, y bendecirle en el tiempo de la tribulacion. 254

Cap. 30. Cómo se ha de pedir el favor divino, y de la confianza de cobrar la gracia. 256

Cap. 31. Hase de despreciar toda criatura para que se pueda hallar al Criador. 261

Cap. 32. Cómo debe el hombre negarse á sí mismo, y evitar toda codicia. 266

Cap. 33. De la mudanza del corazon, y en qué debemos tener nuestras intenciones. 268

Cap. 34. Cómo al que ama es Dios muy sabroso en todo y sobre todo. 270

Cap. 35. En esta vida no hay seguridad de carecer de tentaciones. 274

Tabla de los libros

Cap. 36. Contra los vanos juicios de los hombres.... 277

Cap. 37. De la total renunciación de sí mismo para alcanzar la libertad del corazon................. 276

Cap. 38. Del buen regimiento en las cosas exteriores, y del recurso á Dios en los peligros................ 282

Cap. 39. No sea uno importuno en los negocios. 284

Cap. 40. No tiene el hombre ningun bien de sí, ni tiene de qué alabarse...... 286

Cap. 41. Del desprecio de toda honra temporal....... 290

Cap. 42. No se debe poner la paz en los hombres.... 292

Cap. 43. Contra las licencias vanas. 294

Cap. 44. No se deben buscar las cosas exteriores......... 297

Cap. 45. No se debe creer á todos, y cómo fácilmente

se resuelva en las palabras. 298

Cap. 46. De la confianza que se debe tener en Dios cuando nos dicen injurias. 303

Cap. 47. Todas las cosas graves se deben sufrir por la vida eterna. 308

Cap. 48. Del dia de la eternidad, y de las angustias de esta vida. 312

Cap. 49. Del deseo de la vida eterna, y cuántos bienes estan prometidos á los que pelean bien. 317

Cap. 50. Cómo se debe ofrecer en las manos de Dios el hombre desconsolado. 324

Cap. 51. Debemos ocuparnos en cosas bajas cuando cesan las altas. 331

Cap. 52. No se estime el hombre por digno de consuelo, pues lo es de tormentos. 333

Cap. 53. La gracia no se

mezcla con los que saben
las cosas terrenas............ 336
Cap. 54. De los diversos
movimientos de la naturaleza y de la gracia........ 340
Cap. 55. De la corrupcion
de la naturaleza, y de la
eficasia de la gracia divina................................ 348
Cap. 56. Que debemos negarnos, y seguir á Cristo
por la Cruz................... 353
Cap. 57. No debe acobardarse el que cae en alguna flaqueza............................ 357
Cap. 58. No se deben escudriñar las cosas altas, ni
los juicios ocultos de Dios. 360
Cap. 59. Toda la esperanza
y confianza se debe poner
en solo Dios................... 369

LIBRO CUARTO.

Trata del Santísimo Sacramento de la Eucaristía.

Amonestacion devota á la sagrada comunion..........373

Cap. 1. Con cuánta reverencia se ha de recibir á Jesucristo....................374

Cap. 2. Cómo se da al hombre en el Sacramento la gran bondad y caridad de Dios....................385

Cap. 3. Que es cosa provechosa comulgar muchas veces....................391

Cap. 4. Cómo se conceden muchos bienes á los que devotamente comulgan....395

Cap. 5. De la dignidad del Sacramento, y del estado sacerdotal....................401

Cap. 6. Pregunta qué se de-

be hacer antes de la co-
munion................. 405
Cap. 7. Del exámen de la
conciencia propia, y del
propósito de la enmienda. 406
Cap. 8. Del ofrecimiento de
Cristo en la Cruz, y de
la propia renunciacion.... 411
Cap. 9. Que debemos ofre-
cernos á Dios con todas
nuestras cosas, y rogarle
por todas................ 413
Cap. 10. No se debe dejar
ligeramente la sagrada comunion.................. 418
Cap. 11. El Cuerpo de Cristo y la sagrada Escritura
son necesarias al ánima
fiel..................... 424
Cap. 12. Débese aparejar
con gran diligencia el que
ha de recibir á Cristo.... 432
Cap. 13. Cómo el ánima devota con todo su corazon
debe desear la union de

y capítulos. 561
Cristo en el Sacramento. ... 436
Cap. 14. Del encendido deseo de algunos devotos á la comunion del Cuerpo de Cristo. 440
Cap. 15. La gracia de la devocion con la humildad y propia renunciacion se alcanza. 443
Cap. 16. Cómo se han de manifestar á Cristo nuestras necesidades, y pedirle su gracia. 447
Cap. 17. Del abrasado amor, y del grande afecto de recibir á Cristo. 449
Cap. 18. No sea el hombre curioso escudriñador del Sacramento, sino humilde imitador de Cristo, humillando su sentido á la sagrada Fe. 494

Tabla de los libros

AVISOS ESPIRITUALES.

A que se reduce lo que está escrito para el camino de la perfeccion............ 458

Dictámenes de espíritu y perfeccion.

§. 1. De la obediencia y rendimiento á Dios en el modo de servirle............ 487
§. 2. De la oracion y mortificacion.................. 491
§. 3. De la caridad y paciencia..................... 495
§. 4. De la paz en los trabajos...................... 498
§. 5. De la confianza en Dios, y dolor de las faltas....... 501
§. 6. Cómo se ha de sacar provecho de las faltas, y resistir á las tentaciones. 504
§. 7. Del bien de las tribu-

laciones y trabajos. 507
§. 8. Para la discrecion de espíritu en los sentimientos del corazon. 511
§. 9. De la limpieza de afectos y regla de la razon con que se ha de vivir. 515
§. 10. Medios para el sosiego y paz del corazon. 518
§. 11. De las jornadas, y nueve ventas del camino de la perfeccion. 524
Ejercicio utilísimo para repetirle cada dia. 537
Exhortacion cristiana. 543
Oracion para pedir la gracia divina. 546

FIN.

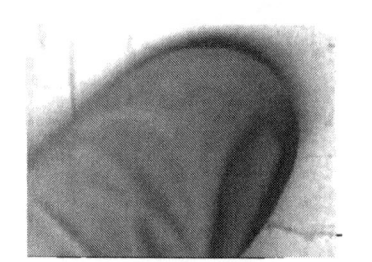

Printed in the USA
CPSIA information can be obtained
at www.ICGtesting.com
LVHW021750150923
758191LV00009B/1228

9 780274 694242